Wann-Chlore.

*Una fides, unus Dominus;
Un même amour, un seul maître.
St. Paul, aux Corinthiens.*

TOME QUATRIÈME.

PARIS
URBAIN CANEL, LIBRAIRE,
Place Saint-André-des-Arts, n° 30.
DELONGCHAMPS, LIBRAIRE,
Boulevart Bonne-Nouvelle.

M DCCC XXV.

WANN-CHLORE.

PARIS.— DE L'IMPRIMERIE DE RIGNOUX,
Rue des Francs-Bourgeois-S.-Michel, n° 8.

WANN-CHLORE.

Una fides, unus Dominus :
Un même amour, un seul maître.
St. Paul, *aux Corinthiens.*

TOME QUATRIÈME.

PARIS,
URBAIN CANEL, LIBRAIRE,
place Saint-André-des-Arts, n° 30 ;
DELONGCHAMPS, LIBRAIRE,
boulevard Bonne-Nouvelle, n° 3.

M DCCC XXV.

WANN-CHLORE.

CHAPITRE XIV.

Le lieu que Wann-Chlore avait choisi pour sa retraite n'était pas sans physionomie : les sites n'ont-ils pas, comme les personnes, leurs différens caractères ; et, de même que l'amitié ne se fonde que sur des rapports dans les âmes, l'âme, ayant une sorte d'amitié pour les choses, n'établit-elle pas toujours, avec un merveilleux instinct, une secrète harmonie entre elle et les accidens dont elle doit être incessamment frappée. Notre âme se trahit ainsi par de légers indices qui n'échappent point aux yeux de l'observateur, et Wann-Chlore laissait deviner ses secrètes pensées par le seul aspect de sa demeure.

La cathédrale de Saint-Gatien est un de ces grands monumens dont les architectes du moyen âge ont embelli la France. Elle appartient à ce genre que nous avons improprement nommé *gothique*, les Goths n'ayant jamais rien construit. Le portail est assez beau, les deux clochers sont d'une hauteur prodigieuse, et la légèreté, le fini, la grâce des ornemens leur ont attiré l'attention des connaisseurs. Le propre de cette architecture est de pouvoir allier l'abondance, la minutie, la bizarrerie même des ornemens à la grandeur, à l'audace du sujet : où est le vrai Dieu, il semble que là soit le sublime et qu'il y ait place aux représentations les plus fantastiques des créatures. En effet, après s'être élevé jusqu'aux cieux avec les petites coupoles des flèches, si la vue s'abaisse sur la basilique, alors des arcs-boutans nombreux qui semblent multiplier leurs arceaux, des piliers d'arbres assemblés qui se couronnent de leur feuillage en guise de chapiteaux, et une multitude d'animaux sculptés offrent à l'œil le spectacle d'une forêt enchantée : là, sont toutes les créatures échappées de la pensée du Dieu vivant; leur foule est animée : les uns grimpent, d'autres rampent, tous jouent; ce n'est plus une pierre qui rejette les eaux du ciel, c'est un habitant du Nil; tous aussi sont rangés avec ordre, et l'on croit deviner qu'une pensée bizarre dominait l'architecte quand il éleva ce monument. Il semble même que la nature ait pris soin de donner à la masse imposante de cet édifice une expression toute romantique : des nuées de corbeaux demeurent incessamment dans les cimes et leurs chants funèbres prêtent une voix terrible à cette habitation du Dieu vengeur.

Empreinte de la sombre couleur que lui ont léguée les siècles en passant, cette cathédrale est environnée de grands bâtimens aussi noirs que les arcs nombreux qui protégent ses chapelles latérales, et à l'endroit où derrière le sanctuaire les arceaux se réunissent et abondent, comme pour garantir le saint des saints, est une place morne et silencieuse; l'herbe y croît entre les pavés, elle est déserte comme un lieu d'horreur... A peine, dans le jour, trois ou quatre habitans passent-ils à travers cette enceinte, et alors leurs pas retentissent dans le silence; semblables au bruit du sablier, seuls ils annoncent le temps et la vie. Non loin du chœur s'élève une maison dont les pignons séculaires, la forme antique, la construction des croisées, la teinte noire des pierres montrent assez que jadis elle faisait partie du cloître. Auprès de cette maison est le séminaire, plus loin les bâtimens de l'archevêché, et cette habitation est en quelque sorte laissée par grâce aux victimes d'un monde orageux. Là, demeurait Wann-Chlore, gardée par une double enceinte de paix et de silence. Parfois cette effrayante sollitude était troublée, mais par les mille voix du peuple et les chants de terreur ou de joie, les chants religieux! qui, traversant les murs, mouraient à son oreille comme le bruit des flots du monde habité arrivent à une âme qui s'envole vers les cieux.

En traversant cette place, la gaieté meurt, on devient pensif, et soudain Dieu vous apparaît suivi de l'Éternité. Pour vivre en ces lieux, on doit y apporter un sentiment immortel qui puisse à lui seul soutenir et vivifier l'âme : il faut y aimer ou être moine.

C'est là que Landon trouva le

terme de son rapide voyage, et là toutes ses souffrances cessèrent. Il fut saisi d'admiration pour Wann-Chlore en marchant dans cette solitude glaciale. Il regarda l'entrée du cloître et une voix lui disait : « Ici finit le monde ; » il regarda la maison de Wann-Chlore, et la même voix lui dit : « Là elle s'est ensevelie ! » Pour la première fois le Dieu était dans le temple, semblable au Dieu de Jacob qui se montrait rarement. Landon s'arrêta et des larmes coulèrent sur son visage. A ce moment il perdit tout souvenir d'Eugénie et il entra dans une vie nouvelle. Hélas! il aurait bien voulu qu'à cette seconde naissance les corbeaux eussent cessé leurs croassemens de mort et que du sein de la cathédrale des chants autres que ceux d'une messe mortuaire fussent arrivés à son oreille.

Semblables au miel que l'abeille compose avec les fleurs du Rhododendrum, les réflexions dont il était assailli cachaient la mort sous une feinte douceur. Il allait revoir Wann-Chlore, la revoir enveloppée de l'éclat d'un amour sans tache... Elle n'avait pas déchu, elle, de la sainte candeur du premier amour! et lui... comment oserait-il s'asseoir au banquet céleste, couvert encore des livrées d'un parjure plaisir... Vivre auprès d'elle séparé par un précipice?.. le franchirait-elle?...

Il contemplait cette maison et ce spectacle agitait son cœur plus puissamment que toutes les joies d'un hymen détesté. Jamais Eugénie n'avait, avec tout son amour, excité dans son âme une sensation aussi déchirante. Il avança lentement, souleva le marteau de cette porte et le coup retentit dans son cœur.

Une jeune fille d'une dixaine d'années environ parut et resta debout, inquiète, en le voyant entrer et regarder avec curiosité cette cour silencieuse : des rosiers, des chèvrefeuilles, des jasmins encore fleuris, tapissaient les murs. Horace revint vers la petite fille, et lui dit : « C'est ici que demeure miss Wann-Chlore?

— Oui, monsieur.

—Elle y est sans doute?... demanda-t-il, en restant dans une affreuse anxiété.

— Non, monsieur... Puis la petite fille le regardant d'un air malin, ajouta tout bas : Mademoiselle nous a recommandé de répondre ainsi à tout le monde.

— Elle y est donc?...

— Non, monsieur, maintenant elle est à la messe.

— Seule?... reprit Horace.

— Oh! non, Mademoiselle ne sort jamais sans Nelly. »

Nelly était la nourrice de Wann-Chlore. Depuis l'âge de vingt-cinq ans elle avait suivi les destins du père et de la fille. C'était un de ces domestiques que Sterne appelle *d'humbles amis*.

Alors Landon, s'asseyant sur une marche avec cette naïveté enfantine qui revenait en lui, compagne du bonheur et du véritable amour, prit la jeune fille sur ses genoux et tirant quelques pièces d'or de sa bourse, il les lui montra en lui disant : « Réponds, ma petite gentille, à toutes mes questions et tu auras cet or-là pour toi... »

La petite fille devint chagrine ; elle remua la tête et dit : « Je vous répondrai et je ne veux pas de votre argent... Votre fortune ne vaut pas un sourire de Mademoiselle, et elle me gronderait, elle qui ne gronde jamais ! si elle apprenait que sa petite Gertrude fait payer une réponse... Je ne devrais rien dire, mais je parlerai parce que vous ressemblez au portrait du bon ami de Mademoiselle..., celui qu'elle attend... Pourquoi pleurez-vous ?... Vous faites comme Nelly, quand elle entend miss s'écrier. « Aujourd'hui, Nelly, c'est aujourd'hui ! »

eh bien, Nelly pleure et elle dit tout bas que Mademoiselle est folle, mais je sais bien qu'elle n'est pas folle, car elle m'apprend à lire. »

Landon, charmé du babil de Gertrude, l'embrassa. « Eh bien, vous dites donc, mon enfant, que Wann-Chlore ne reçoit personne?

—Wann-Chlore!... s'écria Gertrude en colère, voulez-vous bien la nommer miss Wann-Chlore : est-elle à vous pour...

— Allons, ne nous fâchons pas, réponds-moi.

— Oui, monsieur, depuis un an, depuis le jour que lord et lady C.... sont partis, miss..., entendez-vous, miss Wann-Chlore n'a vu personne..., excepté... un jeune homme, l'ami de celui qu'elle aime, et... il y a quatre jours... le soir, il a commis une faute, et Mademoiselle l'a banni... Il était devenu maigre..., maigre. Il fesait peur. » Là, Gertrude baissa la voix et dit : « Nelly prétendait qu'il aimait miss... »

— Mais il faut toujours, répondit Horace, que miss Wann-Chlore voie quelqu'un, quand ce ne serait qu'en se promenant.

— Nenny, reprit Gertrude avec vivacité, Mademoiselle ne sort pas; et, quand elle va à la messe, elle met un grand voile noir bien épais...

— Pourquoi noir?

— Elle est toujours en deuil... Elle est belle!.... on dirait qu'elle s'habille ainsi par coquetterie,... elle est si blanche.

— Vous l'aimez bien ?...

— Si je l'aime!... eh, monsieur, c'est ma providence, elle m'a arrachée au malheur!...

— Et vous dites qu'elle ne sort jamais...

—Oh! quelquefois Nelly contrefait la malade; et, alors, le soir, au crépuscule, elle va se promener sur le bord de la Loire, et... elle marche lentement, elle parle de *lui* à Nelly, parce que Nelly *le* connaît. »

Horace pressa Gertrude sur son cœur et l'embrassa, obéissant au besoin de témoigner une joie trop forte pour son cœur. « Écoute, mon enfant, lui dit-il, laisse-moi entrer dans les appartemens de miss Wann-Chlore.

— Entrer chez Mademoiselle !... s'écria Gertrude avec effroi, êtes-vous fou ? mais personne... Entrer chez Mademoiselle! Venez, dit-elle en se levant et ouvrant la porte sur le seuil de laquelle ils étaient assis, voici la pièce où tout le monde vient parler à Nelly; mais Mademoiselle ne voit jamais personne.

— Et où miss Wann-Chlore recevait-elle donc Annibal ?

—Ah, reprit Gertrude avec naïveté, dans le salon qui est là....» et, traversant les appartemens, elle conduisit Horace à l'habitation de Wann-Chlore. Parvenus au vestibule, Landon aperçut une très-belle statue de marbre. Elle représentait l'Amitié gravant sur un arbre les noms de Cécile et de Charles; il soupira en voyant cette invitation constante faite à Wann-Chlore de se rejeter dans le sein de l'amitié. Quelle satire de sa conduite !

— Eh bien, venez donc, lui dit Gertrude en lui montrant un salon décoré avec cette simplicité anglaise qui s'accordait merveilleusement avec les goûts de Wann-Chlore. Tout y respirait l'ordre, la propreté, la noblesse et la paix.

Landon s'avança, par un mouvement brusque, à la porte de la chambre à coucher de Wann-Chlore, et l'ouvrit avant que Gertrude, qui s'élança sur lui, arrivât assez tôt pour l'en empêcher. La petite fille fondit en larmes en s'écriant :

— Monsieur, mon bon monsieur, je vous en supplie, n'entrez pas, mademoiselle me renverrait sans pitié... et elle tomba aux genoux d'Horace. Horace ne l'écoutait pas, il regardait avec étonnement son portrait en pied peint avec une ressemblance étonnante. Un crêpe le couvrait, il courut l'arracher avec une sorte de dépit; et, aux cris de Gertrude, il lui montra le portrait. Gertrude, soit stupeur, soit plaisir, resta muette en reconnaissant l'original : elle pensa vaguement qu'il était possible que le monsieur fût l'amant de sa maîtresse, et dès lors elle laissa Landon maître de la maison.

Des pleurs inondèrent le visage d'Horace en voyant la harpe de Wann-Chlore; elle était comme une harpe qui, depuis trois ans, n'avait plus rendu de son : ses cordes s'étaient cassées, selon leur faiblesse, par l'effet des changemens de température, et à peine en restait-il une dixaine des plus grosses. Landon, se souvenant avec ivresse que, jadis, Wann-Chlore l'avait habitué à accorder sa harpe, chercha les cordes, répara le désordre du temps; et, déchirant le crêpe qui mettait en deuil cette joyeuse compagne de leurs amours, cette harpe, reine de leurs touchans concerts, il entrelaça des roses aux cordes qui devaient moduler de nouveaux chants.

Il aperçut sur la cheminée les fragmens de l'ivoire arraché autrefois de sa mortelle blessure; ils étaient conservés sous un verre comme une sainte relique. Enfin, une chaise contrastait par sa simplicité avec l'élégance des autres meubles, mais c'était la chaise sur laquelle il s'asseyait jadis auprès de Wann-

Chlore, à la place Royale; il alla s'y placer avec une sorte de délire; et, sur la table, devant lui, il reconnut toutes les lettres écrites par lui à Wann-Chlore, pendant ses longues absences. Ces papiers, chéris par *elle*, étaient tout usés, presque noirs et, en plusieurs endroits, des larmes avaient effacé les caractères. Horace prit la plume et écrivit sur l'enveloppe de la correspondance ces paroles de l'Evangile, qui lui vinrent à la mémoire : « Mon fils que voici était mort, et il est ressuscité; il était perdu, et il s'est retrouvé; apportez promptement la plus belle robe pour l'en revêtir. »

A ce moment il éprouva un désir si violent de contempler Wann-Chlore, qu'il s'élança hors de la chambre, emporté par un mouvement de folie : —« Ma petite, dit-il à Gertrude, garde-toi bien d'avertir miss Wann-Chlore de mon arrivée.

—C'est donc bien vous, répondit-elle, qu'elle appelle *toi !*...

Landon était déjà sorti et courait à la cathédrale. Il entra dans ce vaste édifice, et lorsque sa vue plana sur cette foule, véritable prairie émaillée de fleurs, il fut semblable à ce rossignol de la vallée de Cachemire, qui, parmi toutes les roses, ne cherche et ne voit que sa rose favorite, cette rose dont il pleure l'absence, au sein de laquelle il meurt en chantant. Landon connaissait trop Wann-Chlore pour la chercher au milieu de la foule, et alors il s'avança lentement le long des chapelles latérales, jetant son regard aussi loin qu'il pouvait atteindre. Arrivé près d'une chapelle dédiée à la Vierge ; son cœur battit avec plus de violence, comme par instinct et Horace s'arrêta : tout à coup, dans l'un des angles de la chapelle, il reconnut Wann-Chlore. Elle était séparée par quelques pas des divers groupes de femmes et elle priait!... Il la contempla long-temps en silence, admirant son attitude suppliante, l'abandon de sa tête, l'onction de sa pose, la douleur qu'elle exprimait, et alors ce moment devint pour lui d'une frappante solennité. Le moindre son fut une voix, le moindre accident un présage, le moindre geste de Wann-Chlore un plaisir, et le grain de sable écrasé par sa marche, un événement. On chantait un passage du *Dies iræ*, et Landon frissonna involontairement. Il regarda Wann-Chlore: elle était bien comme jadis à Saint-Paul au pied des autels, mais à Saint-Paul il l'avait admirée vêtue d'une robe blanche, présage d'innocence, de bonheur, augure d'une vie céleste et pure; aujourd'hui, elle pleurait en longs habits de deuil...; il la regardait avec amour, mais aussi avec douleur... Elle lui apparaissait là comme le doux génie de la religion, comme ces anges de mort que le sculpteur assied, pleurant sur la tombe d'un enfant étouffé dans sa fleur.... A ces pensées, il détourna la tête et pleura, excité peut-être moins par ces lugubres idées que par le sentiment de sa propre imperfection;

mais chassant bientôt ces vaines superstitions de son âme, il passa plusieurs fois devant la grille de la chapelle et, joyeux, il se dit: Je l'ai vue et je ne la perdrai plus!.. quand je la reverrai, elle ne sera plus vêtue de noir.

CHAPITRE XV.

« Nelly, dit Wann-Chlore en sortant de l'église, ma pauvre Nelly, ce que tu redoutes est arrivé, je suis folle, j'ai cru entendre *son* pas dans l'église, ne l'as-tu pas vu?... il n'y a que *lui* qui marche ainsi... »

Elle soupira et Nelly répondit : « Miss, marchons plus vite, voici des gens qui vous regardent. »

Wann-Chlore hâta son pas. « Tu as raison, Nelly, tu réponds comme à une folle; mais que veux-tu, si je suis folle c'est par amour, et par amour pour *lui*. Nelly, n'ai-je pas toujours dit qu'il reviendrait;

et, je t'assure, c'était son pas.» Elle arriva chez elle; et, en voyant la petite fille : « Qu'as-tu, Gertrude? dit-elle, tu parais étonnée de me voir...

—Je n'ai rien, mademoiselle...

—Pauvre enfant, c'est vrai, tu n'aimes pas encore et tu ne peux savoir ce que veut dire étonnement, crainte, joie, peine...» Jamais Chlora n'en avait tant dit à Gertrude.

Elle rentra dans ses appartemens et, parvenue dans sa chambre à coucher, elle regarda le portrait de Landon en disant : «.O mon dieu! tu es muet! et je payerais une parole de ma vie!...» Elle ne pouvait voir que le portrait, l'absence du crêpe ne la frappait pas encore. Elle jeta les yeux sur la cheminée et sonna Gertrude. Elle vint. « Gertrude, dit Wann-

Chlore, on a touché à ce globe sous lequel sont ces morceaux d'ivoire, je l'avais défendu...

—Ce n'est pas moi, mademoiselle!

— Et qui donc?... » Gertrude rougit et baissa les yeux. « Qui est venu ici? s'écria Wann-Chlore, qui? est-ce Annibal?...

—On m'a défendu de le dire, répondit Gertrude.

—On est entré ici! reprit Wann-Chlore en laissant échapper un geste d'horreur.

—Oui, répliqua la petite fille effrayée.

— Qui? qui?... réponds-moi! qui? A-t-on emporté quelque chose?... Qui donc?... réponds-moi...

—*Il* a dit que vous verriez bien!...»

Chlora, craignant qu'Annibal ne se fût livré à quelque violence, en proie d'un autre côté à l'espérance d'un bonheur auquel elle n'osait croire, tourmentée enfin par mille pensées qui la torturaient, restait immobile, et déjà sur ses joues apparaissait une terrible rougeur, quand elle tomba soudain dans les bras de Nelly et de Gertrude, puis jetant un grand cri : « C'est *lui!* dit-elle. » Elle avait vu la harpe couronnée de roses. Elle resta quelque temps évanouie: Nelly effrayée lui faisait vainement respirer des sels, et déjà Nelly et Gertrude tremblaient, lorsqu'elle ouvrit ses yeux mourans. Ils se portèrent sur le tableau, et voyant le crêpe ôté : « C'est *lui!...* répéta-t-elle d'une voix faible, Nelly, il est ici, il est venu! Ah, Nelly, je me meurs! » Nelly pleurait et Gertrude tout interdite se taisait. « Gertrude, s'écria-t-elle avec force, tu l'as vu?...

— Oui, mademoiselle, *il* ressemble au portrait.

— C'est donc bien lui!... je n'en puis plus douter! Ah, Nelly! que je suis heureuse! et... c'est lui qui a marché à l'église, j'en suis sûre! » Assez forte pour supporter le bonheur, elle se leva tout à coup, parcourut ses appartemens comme enivrée. « Il revient! » disait-elle. Arrivée devant la statue de l'amitié. « Sir Charles, et toi, Cécile, et toi, puritain, vous aviez tort!... oh, bien tort : il est revenu, et, s'il m'aime?.. ce n'est pas seulement une question! O bien-aimé, c'est toi! dit-elle au portrait, je vais te revoir, t'entendre, te *parler!*.. — Nelly, ma Nelly, des fleurs dans tous les vases, ôte toutes les housses aux meubles, habillez-vous! Qu'ici tout prenne un air de fête, tout, jusqu'aux pavés de la cour; je voudrais y effeuiller des roses, des fleurs, y mettre du feuillage : toi, Gertrude, tu vas m'aider à quitter mon deuil, je veux revêtir la blanche parure qui plaisait tant à ses regards... — Gertrude, qu'a-t-il dit? qu'a-t-il fait?.. Es-tu heureuse d'avoir eu son premier regard, sa première parole !.. Viens m'habiller, tu me conteras tout.

La folie, cette joie trop extrême et désordonnée, dirigeait tous les mouvemens de Chlora : le moindre bruit la faisait courir à la fenêtre et regarder la porte ; lorsque Gertrude lui tendit sa robe pour qu'elle la passât, loin de se prêter à cette évolution de la toilette d'une femme, elle s'échappa, courut appeler Nelly. — « Nelly, ma Nelly, tu sens que je ne veux pas qu'il me quitte d'une minute! — ma Nelly, il dînera avec moi, — Nelly, un joli dîner : les mets les plus simples, les plus frais, les plus recherchés, un dîner enfin dont l'amour ne doive pas rougir. — Tu sais, ma Nelly, que l'amour détourne la tête à tout ce qui n'est pas gracieux, naturel... — Et surtout personne ne nous servira, ne nous interrompra. — Je le servirais à genoux avec tant de bonheur!.. Va, Nelly... guette-le dans le cloître, et avertis-moi!.. Sois bien sûre que mon cœur sera trop faible quand tu me diras « miss, le voici!... » Elle revient, elle chante, elle ne croit pas au temps, à l'heure, à la vie, ce n'est plus le jour qui l'éclaire, c'est une lumière divine, une lueur extraordinaire, elle ne saurait dire quoi. Elle est habillée et s'assied. Assise, elle se lève et va demander à Nelly : « Vient-il ? »—Non, miss... Elle frappe du pied, elle revient, se rassied. Elle se lève, regarde le portrait, passe ses doigts sur sa harpe, en tire un accord céleste, jette les yeux sur ses lettres, lit la phrase écrite par Landon, reconnaît l'écriture, y colle ses lèvres, baise ce qu'il a écrit, tressaille et mille fois s'écrie : « Ah, que je suis heureuse !.. » Elle court. « Nelly, vient-il ?... » Le : « *non miss*, » tombe sur son cœur comme un poids, elle retourne s'asseoir et attendre. Attendre !... attendre ce qu'on aime ! est-ce un bonheur, une peine, un supplice, une volupté... ou plutôt n'y a-t-il pas de tout cela? En revoyant la harpe et la rose et la phrase et le portrait, elle s'y attache, les contemple : —« ô mon gracieux!.. » dit-elle, oui c'est toi, car toi seul au monde trouves ces choses-là!... Elle va et vient, consulte toutes les pendules, examine si tout est en ordre, comme pour se donner une occupation et s'écrie : «Oh, si je connaissais sa demeure!» L'impatience la gagne, son sang court dix fois plus vite dans ses veines; enfin, fatiguée comme si elle avait fait une longue route, elle se couche sur un sopha, et l'imagination seule s'agite et se tourmente, le corps étant exténué.

Tout à coup elle entend Nelly, alors elle court et Nelly n'a eu que le temps de faire un signe, Wann-

Chlore est à la porte : le coup de marteau est attendu, Landon frappera sur le cœur de Wann. Il a frappé, elle ouvre la porte et s'élance, de ses deux mains le saisit, elle est sur son cœur, elle l'embrasse, il lui rend ses baisers en silence, mais ils se succèdent, et le chemin qu'ils font ainsi jusqu'à la harpe est un seul et long baiser. Ils se regardent, pleurent et se taisent. Enfin, après ce silence enivrant, après ce moment où l'on croit ne pas vivre assez : « Ah ! dit Wann-Chlore, je n'ai demandé qu'une seule grâce au ciel, et je l'obtiens : c'est de *te voir !* Parle, mon bien-aimé, ta voix, après un an d'absence, c'est... oh, rien ne peut l'exprimer ! te voici donc !... Et l'ivresse était dans le regard de Wann-Chlore.

— Oh, oui!... pour toujours...

— Horace, dit-elle, je savais bien que tu reviendrais, mais j'ignorais cette joie nouvelle. J'ai eu bien des tourmens pendant ces deux années : je te vois... ô toi que j'aime! tout est oublié!...

— Laisse-moi, dit Horace respirer ton haleine, prendre un nouvel air vital, revivre enfin avant de te parler... redevenir ton autre âme... ton Horace. Il semble qu'une aussi longue absence m'ait souillé!...

— Y a-t-il une chose au monde qui puisse souiller les anges! dit-elle avec ce fin sourire qui seul lui aurait fait éclipser toutes les femmes; si quelqu'objet vil te touche, il s'ennoblit, Horace, car tu es toute noblesse...

Landon fondit en larmes. A ces

mots, il retrouvait Wann-Chlore animée du même amour : il ne sortait pas des lèvres de cette chère créature un seul mot de reproche. Il l'avait quittée depuis deux ans, sans lui écrire un seul mot, il l'avait laissée enfin comme si elle eût été sans âme, comme un palais qu'on habite et dont on sort; il la revoyait, et la grâce, la joie d'autrefois était celle d'aujourd'hui : le dédain le plus méprisant pour une femme n'excitait pas même un regard de courroux. Non, elle était sûre d'être aimée. L'*homme* qui l'honorait de son amour n'avait pas pu se tromper; ce qu'il avait fait était *bien*, elle soumettait humblement son intelligence à la sienne : le soleil s'était caché, il luisait maintenant, voilà tout; elle avait pleuré ne le voyant plus, elle lui souriait aujourd'hui en l'apercevant s'élever du sein des nuages.

Toutes ces réflexions tombèrent dans le cœur de Landon comme un orage; il ne pouvait que répandre des pleurs et contempler Wann-Chlore dans un saint recueillement.

— « Si le bonheur n'avait pas ses larmes, dit-elle en essuyant les yeux d'Horace par un geste plein de grâce, je t'en voudrais de pleurer en me voyant; mais il y a des joies tristes, ajouta-t-elle en riant. Ce mot attira sur le front d'Horace un nuage qui se dissipa soudain.

— Comme tu fais voir à ton propre insu, s'écria-t-il, que j'ai sans cesse été présent pour toi!... » A ces mots, Wann-Chlore le prit par la main et le promenant dans les appartemens avec une feinte gravité, elle lui dit : « Mon seigneur et maître pourrait-il me montrer où il n'est pas !.. » En prononçant cette phrase, elle y mit l'accent de cette gaieté de cœur qui n'appartenait qu'à elle; puis, le serrant dans ses bras, et pleine d'ivresse elle s'écria : « Oh ! ma chère brebis, ma brebis égarée, faudra-t-il que je brode un ruban pour te retenir ?... moi qui t'ai perdu peut-être pendant ces deux ans pour ne nous être pas liés... » Il n'était donné qu'à Chlore d'unir ainsi le sentiment le plus profond à la gaieté. « Regardez cet œil, ajouta-t-elle en lui montrant son visage, regardez-le, excepté Annibal, il n'a refléchi aucune autre image d'homme...

Landon la prit dans ses bras, et

l'asseyant sur ses genoux, il lui dit :
« ma chère vie, j'ai à te parler pendant long-temps... n'ai-je pas à t'apprendre une foule de choses?...

— Quand tu parlerais toute la vie, et que, toute la vie, agenouillée devant toi, comme les anges devant Dieu, j'écouterais cette douce musique, ce ne serait rien après t'avoir perdu pendant deux ans? Que dis-je, deux ans! et ces deux autres années que tu as passées en Espagne, me faisant souffrir les plus cruelles inquiétudes, et ce retour affreux?... car vous avez de terribles comptes à me rendre... Comment, reprit-elle, en faisant un petit geste plein de gentillesse, comment, j'ose interroger?... oh! non, Horace, tu me diras ce que tu voudras!... n'es-tu pas là, sur mon cœur... Ne sais-je pas que tu m'aimes. Cependant, mon cœur, je ne veux savoir qu'une seule chose, c'est pourquoi tu as voulu me tuer... Te souviens-tu de ce coup de feu ?... m'as-tu fait peur ! Mon ami, ne nous servons pas souvent d'armes à feu, dans notre ménage?

A ces mots Landon, le cœur accablé, serra Wann-Chlore dans ses bras avec force et lui dit: « Tu es un ange! — Je le crois bien! dit-elle. Ne sont-ce pas des anges qui servent Dieu, s'agenouillent en silence pour adodorer, écoutent sans interroger, comprennent d'un regard, brûlent d'un feu pur et parcourent de l'œil l'éternelle immensité sans y trouver de fin, sans en être accablés? N'est-ce pas là ma vie? N'es-tu pas la plus belle image que le Créateur ait laissée de lui-même ici-bas ; et comme je suis un *ange femme,* c'est-à-dire un peu faible, ce bonheur si grand m'accable quelquefois, comme en ce moment, par exemple, et si je n'avais pas ton sein pour reposer ma tête, que deviendrais-je ?...» En parlant ainsi elle lançait à Landon un de ces regards magiques dont la brûlante expression fait jaillir tous les sentimens de l'âme par les yeux. L'œil les contient tous, et celui qui voit choisit à son gré. Horace, immobile, admirait en silence : — « Tu n'es pas changée, dit-il, enfin ; tu es toujours belle ! ta figure a même gagné, à travers cette blancheur, gage d'une innocence éternelle, je ne sais quelle expression céleste. « Elle fit une ré-

vérence toute moqueuse en disant :
« Merci, monseigneur!... est-on heureuse de plaire à votre grandeur!.. »

— Et tu n'es plus en deuil... ajouta Landon, comme s'il se répondait à lui-même.

—Oh non! dit-elle, je suis toute joie! Mais, mon amour, conte-moi donc tes aventures... ne suis-je pas femme? et curieuse, mon divin, curieuse comme Ève; car je suis ton Eve et tu es mon Adam, le seul homme que je voie dans le monde. Se mettant alors à genoux sur un coussin, appuyant son coude sur Horace, elle confia son menton à deux doigts de sa main; et, dans cette attitude toute contemplative, elle s'apprêtait à l'écouter avec l'extase du bonheur. Le duc se mit à jouer avec les boucles de la chevelure de Chlora et lui dit: « En te racontant ce qui s'est passé, je n'ai pas de torts à expier, même pour le coup de pistolet, quoique j'eusse bien alors l'intention de te tuer, toi, mon amour... Ah! ma chère vie, nous avons été victimes de la plus affreuse trahison!... Annibal est mort, il s'est empoisonné... » Wann-Chlore laissa échapper un mouvement d'horreur.

Alors Landon, sans faire mention de son mariage avec Eugénie et de tous les événemens qui pouvaient s'y rapporter, raconta succinctement à Wann-Chlore tout ce qui s'était passé. Lorsque Landon eut terminé, il tira de son sein les papiers remis par Annibal et les fausses lettres, puis les jetant sur une table, ils comparèrent les deux correspondances avec cette joie que les naufragés échappés à la mort mettent à raconter leurs peines.

Wann-Chlore était plongée dans un étonnement que rien ne peut peindre. Une semblable trahison emportait avec elle des idées toutes nouvelles pour son âme : elle qui n'avait jamais vu les humains que sous le plus bel aspect, elle qui n'étant jamais sortie du cercle habité par Annibal, Horace, sir Wann, sir Georges Wann, Charles C..., Cécile et Nelly, s'imaginait que tous les hommes étaient ainsi. Elle demanda à son cher Horace si de pareilles aventures arrivaient souvent dans le monde : sur sa réponse, elle se tordit les mains avec une énergique expression de douleur, et, par un regard éloquent, contempla le ciel comme pour se réfugier dans un monde pur de toute souillure et digne d'elle; puis se jetant dans le sein d'Horace, elle s'écria : « Laisse-moi toujours là, ton cœur sera le seul monde que j'habiterai sur cette terre, oh, moi! moi si confiante! moi qui avais si bien présumé de toi que pour sauver Cécile, j'aurais, je crois, embrassé sir Charles C.... devant le puritain, pour le persuader que c'était mon amant! Moi infidèle!... mais Horace, si je ne t'avais plus aimé, tu me connais assez... tu l'aurais su le premier. Va, si jamais je te trahis, je te permets de me tuer!...

Après un moment de silence elle dit : — « Ainsi, je t'avais perdu pour jamais, et je te retrouve aussi aimant, aussi fidèle. Oh! je puis tout pardonner à Annibal, en faveur de sa confession, et ce ne sera pas ma voix qui s'élèvera jamais contre lui!... Horace, nous sommes unis pour toujours!..

— Pour toujours!... répéta le duc de Landon qui, dans ce moment, avait tout oublié!

Le pas lourd et tremblant de Nelly se fit entendre. Chlore, jugeant que le dîner était servi, entraîna Horace vers la salle du festin. Là, elle fit mettre un genou en terre au bien-aimé en lui disant: « Allons, chevalier félon, avant de partager le repas de votre souveraine, demandez-lui pardon de votre félonie par un baiser sur cette main qu'elle daigne vous tendre. Avoir osé rompre son ban, quel crime abominable! maintenant nous ferons un repas d'amour à l'ancienne mode, c'est-à-dire n'ayant qu'un même assiette, même fourchette, et si vous êtes respectueux, je vous permettrai de m'embrasser. »

Landon lui baisa la main et s'assit à ses côtés, enivré de la grâce enchanteresse que Wann mettait aux moindres plaisanteries. L'innocence de leurs gestes, la magie des regards, la pureté de leur joie, et les confians discours et les extases du cœur et les larmes du sentiment, l'ivresse, la volupté, tous sentimens, toutes grâces indescriptibles, parce qu'ils sont empreints du charme de l'à-propos, qu'ils ne vivent que par la circonstance, et que le moment qui suit est inhabile à mériter de celui qui précède, ah! vous serez mieux compris de cœur à cœur par ces âmes aimantes qui, pour sentir votre douceur, évoqueront leurs voluptueux souvenirs!

Le temps fuyait comme les songes au matin, le soir vint que Wann-Chlore et Landon se croyaient encore à leur premier baiser; enfin, Horace sortit après avoir promis de revenir le lendemain.. En repassant dans le cloître, à la nuit, Landon n'eut plus aucune pensée sinistre, il ne fit même aucune attention au silence imposant qui naguère l'avait épouvanté et au singulier spectacle que présentaient les accidens de la lune dont la lumière colorait à peine ces hautes et sombres constructions.
— « Ange du ciel, disait-il, comme en sa présence tout s'éclaircit, devient libre et serein. Tous mes chagrins ont

fui... Elle m'a enivré, mon cœur suffit à peine à porter tant de bonheur!..

En effet, Horace était absolument comme s'il n'eût jamais quitté Chlora. Le moment où il l'avait revue s'était confondu avec celui où il l'avait abandonnée, si bien que l'intervalle disparaissait entièrement. Le cœur du duc n'avait de place que pour le bonheur et l'amour. Aucun remords ne vint ternir cette belle aurore de son sentiment renaissant. Le souvenir d'Eugénie ne se mêla point à sa méditation nocturne. Eugénie n'existait plus pour lui. Landon vécut dès-lors sous l'empire du même charme qui l'avait subjugué la première fois qu'il vint à Saint-Paul.

Le lendemain et les jours suivans il revit Wann-Chlore et ne la quitta plus; satisfaisant ainsi à ce besoin impérieux que l'on éprouve de voir sans cesse l'objet qu'on aime, surtout quand une longue absence nous l'a rendu plus cher : mais il n'est rien au monde que l'âme de l'homme, véritable abîme, ne sache épuiser, et cette première soif de l'amour, ce temps de délices où le sentiment se repaît de riens et jouit, en égoïste, de sa propre existence, furent bientôt passés. Alors Eugénie apparut à Landon, elle apparut terrible! Autant ses premières jouissances avaient été vives, autant ses réflexions furent cruelles. Il y a dans la vie une situation affreuse : être aimé, avoir un autre cœur que le sien dans lequel on verse les pensées les plus fugitives qui s'élèvent en l'âme, et en garder une seule, une terrible qu'il faut ensevelir comme un mort tellement putréfié, que si la tombe s'ouvre, l'air est empesté, savourer les plus pures délices, et sentir un fiel qui n'en ternit le goût que pour vous seul.

Bientôt Nikel arriva et rendit compte à son maître des événemens dont il avait été témoin. Landon frissonna plus d'une fois lorsque le fidèle maréchal lui peignit en termes énergiques la douleur de *madame*. Enfin il fit signe de la main à Nikel de se taire; et, sentant qu'il devait subir toutes les conséquences de sa position, il emmena le chasseur dans la campagne, car il craignait qu'on pût entendre un seul mot; et là, à la grande joie de Nikel, il l'instruisit sommairement de toutes les circonstances de son histoire. « Tu vois, lui dit-il en terminant, dans quelle situation je me trouve : je te l'ai confiée parce qu'il ne faut pas qu'un mot, une gaucherie, détruisent mon bonheur.»

— Mais qu'allez-vous faire?... demanda Nikel par suite de la liberté que Landon lui avait laissé prendre à Chambly.

Landon regarda le chasseur en fronçant les sourcils, et dit : —«Je n'en sais encore rien, mais quoi qu'il arrive, j'ai compté sur toi!... Quand tout un tribunal te ferait une question nuisible à ton maître, et que l'échafaud t'attendrait, Nikel, j'ai cru à ton silence.

— Suffit, mon général!» Et Nikel

faisant un salut militaire ajouta : « Je veillerai sur mes mouvemens et ma langue comme une vedette sur des cosaques et ce ne sera pas votre pauvre troupier qui vous nuira.

— Ne parle donc à personne, sois muet sur tout ce qui me regarde, et reste comme le chien qui suit son maître et devine sa pensée dans ses regards.

— On y fera attention, mon général ! »

Ce jour-là Horace et Wann-Chlore allèrent se promener sur le bord de la Loire ; ils voyaient à l'autre rive cette chaîne de rochers, de vallons, de vignobles si pittoresques, et, assis sur l'herbe, ils respiraient la fraîcheur des eaux, en admirant cette nature si belle et si variée : le silence régnait entre eux. Wann-Chlore avait remarqué (échappe-t-il quelque chose à l'œil d'une femme qui aime!) l'espèce de mélancolie qui se mêlait aux actions, aux gestes, aux paroles, aux regards d'Horace, et, elle aussi! était devenue rêveuse, quand ce n'aurait été que pour se conformer aux secrètes pensées de son bien-aimé, ou pour chercher la cause de cette douce teinte de tristesse qui voilait leur amour, comme souvent au milieu d'un jour d'été le soleil s'enveloppe de nuages.

Le ciel était pur, les ombres du soir tombaient en laissant encore apercevoir les costumes des paysannes qui regagnaient en chantant leurs demeures creusées par étage dans les rochers. On voyait s'élever la fumée des cheminées de niveau avec les pampres; de loin, des voiles blanches apparaissaient sur le lac limpide que forme la Loire en cet endroit; les chants monotones des paysannes jetaient une teinte de mélancolie dans ce tableau; il était délicieux, et Wann-Chlore avait pressé la main de Landon pour lui faire partager son admiration. Ce sentiment faisait bien battre son cœur, il est vrai, mais elle était aussi sous l'empire d'un autre démon. En effet, Wann-Chlore avait fait asseoir son bien-aimé pour l'entretenir, à la face de la nature, d'une chose si solennelle pour elle, qu'elle en aurait été étouffée dans un salon; pour en parler, il lui fallait nager dans l'air. En ce moment, ils étaient assis sur un promontoire presqu'aérien; les arbres même ne leur montraient que le sommet de leur feuillage agité par la brise, et leur vue planait sur cette scène magique. A chaque minute Chlora se disait : « parlerai-je ? ne parlerai-je pas?.. «Elle regardait Landon, il lui souriait et la parole expirait sur les lèvres de Chlora. Un bateau passait-il : « Quand il aura atteint cette île verte, se disait Wann-Chlore, je parlerai. » Le bateau était bien loin de l'île et Chlore muette ne pouvait que presser la main de Landon en s'écriant : « la belle soirée !..

— Charmante, dit Landon.

— Et pourquoi ne le laisserais-je pas commencer?... car il m'en parlera, » pensait Wann-Chlore.

Il y a peu de personnes qui n'aient

éprouvé ce petit supplice, principalement les âmes timides, mais surtout celles qui, ayant de la franchise, attendent un grand bien ou un grand mal de ce qu'elles ont à demander. Le désir et tout son feu brillait dans les yeux de Wann-Chlore; enfin, pour amener la conversation sur le sujet qu'elle voulait traiter afin de dissiper d'un mot, d'un regard, la mélancolie de son cher Horace, elle lui dit avec un battement de cœur rapide et profond :

— « Croirais-tu qu'entre autres calomnies, Annibal a voulu me persuader que tu étais marié !... »

Landon serra la main de Wann-Chlore avec force, et lui répondit : « Il me l'a avoué... » Cette apparente tranquillité couvrait un feu dévorant. Il cessa de presser la main de Chlore qui, le regardant, ajouta : « Tu es presque triste depuis deux jours; » puis se hâtant de continuer : « Je sais pourquoi?...» Landon tressaillit. « Qu'il m'est doux, reprit-elle, de t'avouer à la face de la nature entière que tu m'es cher, que tu seras mon époux!... Tu sais, Horace! Il y a long-temps que ces deux mains ont été ainsi réunies et un âme céleste, un ange divin, s'il est un autre monde, doit nous regarder en ce moment avec la même ivresse, le même sourire qui brilla jadis sur son visage, quand, nous surprenant ici-bas, il dit « Vous ferez le plus beau couple de la terre!.. » Ai-je de la mémoire, Horace?... Chasse donc ta mélancolie, car Wann-Chlore la partage, et, n'en connaissons-nous pas le remède ? Je t'aime Horace...» A ces mots, craignant dans sa pudeur virginale d'en avoir trop dit, elle versa quelques larmes et réfugia sa tête sur le sein d'Horace comme dans un asile. Puis la relevant tout-à-coup, elle lui dit avec vivacité : « Horace, ta mélancolie seule m'a fait parler et ces paroles n'ont d'autre but que de répandre dans ton cœur la joie et la confiance... Ne tardons pas à nous marier? ajouta-t-elle avec un signe de tête.

— Oui ! répondit Landon égaré.

— Mes paroles t'auraient-elles déplu ?

— Oh non, ma chère vie, non !

Ils rentrèrent en silence ; et, Horace, s'apercevant en franchissant le seuil de la maison, qu'il n'avait rien dit, que Wann-Chlore respectait sa rêverie, affecta pendant le reste de la soirée une gaieté folle, un enjouement excessif, qui rassurèrent complètement Wann-Chlore. Elle connaissait trop la franchise d'Horace pour imaginer qu'il pût jouer un sentiment, et d'ailleurs son imagination, en cent ans, n'eût pas trouvé une combinaison d'événemens qui l'empêchât d'épouser Horace. Ce dernier avait la gaieté de Don Juan quand il invite la statue à souper.

— L'instant est donc arrivé de se décider! disait-il en revenant le soir à son auberge. Il se consulta pendant toute la nuit : « la veux-tu? ne la veux-tu pas? se demandait-il; si tu restes à la voir ainsi, en six mois tu deviendras comme Annibal et tu mourras comme lui... de toutes parts j'aperçois la mort, car je ne peux vivre que là où elle est; une minute d'absence me ronge le cœur... et... pour la posséder, il faut l'épouser... N'y a-t-il que ce moyen ?... Il s'arrêta sur cette dernière pensée. L'enfer était dans son âme, l'égoïsme s'y déploya. Il maudit les lois sociales, argumenta contre elles, les convainquit de sottise, de barbarie, et cependant il s'arrêta à la possibilité de posséder Wann-Chlore sans enfeindre les lois.

CHAPITRE XVI.

Le lendemain, Landon dit à Wann-Chlore : « Viens nous promener sur les coteaux du Cher, ils sont charmans! » Il avait une voiture toute prête, certain de n'être pas refusé.

— Partout où il irait, ne serait-elle pas dans sa patrie? répondit-elle. Elle le trouva changé. Il prétexta une indisposition. Ils partirent et parcoururent un pays enchanteur : des prairies, des arbres, des villages, une nature animée, variée. Landon ne savait comment ramener l'entretien de la veille. Enfin, surmontant cette répugnance qui lui fit éprouver les mêmes sentimens que Chlora lorsqu'elle se hasarda à parler, il lui dit, en parcourant un chemin bordé de haies qui traversait le haut d'une colline : « Dans peu, mon cher trésor, nous serons unis, et nous voyagerons dans un autre pays où l'amour s'accroîtrait, si chez nous il n'était pas arrivé à son plus haut degré. » Le visage de Chlora devint radieux et elle l'écouta avec un plaisir inexprimable. — « Mais ma chère, pourquoi nous lier?... » Elle laissa échapper un mouvement de surprise; — « que savons-nous si cette contrainte?.. »

Elle s'arrêta, éleva avec vivacité ses mains sur la bouche de Landon, la lui ferma pour l'empêcher de parler et lui dit, d'une voix entre-

coupée : « Tais-toi... tu me fais mal. »
Elle se tut aussi, réfléchit un moment, et, le regardant avec dignité, elle lui dit : « Je t'ai entendu, Horace. » A cet accent, Landon tressaillit et rappela tout son courage. « Écoute-moi bien, continua-t-elle, exprime une seconde fois ce désir avec la réflexion qu'il suppose... je suis à toi! » Elle était debout, la main droite sur son cœur et tendait l'autre à Horace; alors Landon se sentit rapetissé comme lorsque dans un rêve nous comparaissons devant la foule des anges qui nagent dans l'immensité du ciel ; il baissa les yeux.«—Imagines-tu dans le monde un lien plus sacré que cette confiance? dit-elle; et, pour nos deux âmes, y a-t-il des cérémonies qui les

attachent plus l'une à l'autre?... mais écoute : je n'ai pas vécu dans le monde, toi seul m'as appris naguère qu'il existe des traîtres, des imbéciles, des lâches, des cœurs corrompus, veux-tu t'exposer à la cruelle injure d'entendre flétrir celle que tu aimes? Je ne parle pas pour moi, Horace, rien ne peut m'affliger : aimée de toi, je m'avouerais avec gloire, à l'univers entier, *ta maîtresse*. Je sais bien que de pareils outrages ne nous atteindront pas; l'enceinte du cloître a enfermé ma douleur, elle enfermera ma joie. Nous n'avons pas besoin du monde. L'univers, pour moi, commence ici (elle saisit Horace), il finit là (et elle frappa sur le cœur de Landon); ainsi je ne crains rien; mais on n'a pas fait ces petites lois humaines pour des âmes élevées; s'il n'y avait que des cœurs généreux, il n'y aurait pas eu un seul législateur; je n'ai pas étudié, ma raison me dit tout cela; or, pourquoi ne pas faire à cette foule un si léger sacrifice, qui nous coûte si peu: n'es-tu pas libre? Ne le seras-tu pas tout autant?.. Et... si je te déplaisais, si tu n'aimais plus Chlora, tu deviendrais encore plus libre! La mère de tes enfans ne vivrait pas sans ton amour, non, je ne vivrais pas quinze jours, si tu n'étais à moi tout entier!

L'enthousiasme dont Wann-Chlore était pénétrée brilla dans toute sa personne, la douceur de son organe fut altérée, mais elle dit ces paroles simplement, le sublime paraissait découler de ses lèvres comme de sa source naturelle. Landon sentit toute la force de ce discours : il connaissait assez Chlora pour savoir que, sur un seul regard, le soir même, il devenait son époux, mais aussi, que ce sacrifice serait peut-être, malgré Chlora elle-même, un éternel sujet de douleur; alors ne voyant plus de ressource, il lui dit, avec un sourire plaisamment dédaigneux:«Pardonne cette épreuve, ma chère vie ! elle est presqu'une insulte: dans vingt jours nous serons mariés.»

En prononçant ces derniers mots, Landon prenait une irrévocable décision : il espéra trouver des moyens d'échapper au malheur, ils étaient tout simples. Bientôt Wann-Chlore s'applaudit de revoir enfin son cher Horace tel qu'il était jadis : elle lui avoua qu'elle avait remarqué depuis quelques jours des nuages sur son front; mais elle retrouvait enfin la joie des premiers jours de l'amour.

Le soir même, Nikel partit en poste, avec les instructions de son maître, pour aller chercher tous les papiers nécessaires au mariage de Wann-Chlore et du duc. Voici sur quelles circonstances Landon asseyait son espoir : lorsqu'il épousa Eugénie, les bans n'avaient été publiés qu'à Chambly, où, par un hasard fort heureux, son domicile était établi depuis le temps voulu par la loi; d'ailleurs, ayant toujours été à l'armée, son hôtel de Paris n'avait jamais été regardé comme son domicile. A Paris, il était connu, ainsi que sa femme, sous le nom de M. le duc de Landon-Taxis, et alors il ne prévoyait aucune difficulté pour la publication des bans à la mairie de son arrondissement et à sa paroisse. Quant à la mairie, personne ne les lisait, l'employé et le maire ne le connaissaient probablement pas, et d'ailleurs il enjoignit à Nikel de déclarer uniquement M. Horace Landon, selon son acte de naissance qui, dressé pendant la révolution, ne contenait aucun autre nom ni qualité: il espéra que la différence des noms empêcherait toute recherche. Quant à la paroisse, la chose était plus difficile; mais il dit à Nikel de s'arranger pour que, sur la feuille, le prêtre, qui dirait à haute voix, vît un nom assez mal écrit pour prendre quelques lettres pour d'autres, qu'il pût enfin lire Randon, Landau,

Loudon, Vandou, etc. Nikel devait rester à Paris pour avoir l'œil à tout, revenir muni des papiers nécessaires et envoyer au préalable les actes utiles à Landon pour remplir les mêmes formalités à Tours. Nikel partit et exécuta tous les ordres de son maître.

Landon reçut les papiers; et, pendant que le chasseur manœuvrait à Paris avec un plein succès, il eut soin que les publications faites à Tours n'éprouvassent aucun échec. Quelquefois, il frémissait de crainte en pensant que, si madame Guérin allait, par hasard, précisément dans ce moment, à la messe à l'Assomption, elle pouvait concevoir des soupçons. Il pensa cependant, avec une joie mêlée d'une peine cuisante, que les couches de sa femme mettraient assez de désordre à la maison, pour empêcher les dames d'aller à la messe; alors il ne pouvait pas effacer de son âme et l'image d'Eugénie et la pensée importune qu'elle souffrait, qu'il était *père* enfin! mais une minute passée auprès de Wann-Chlore dissipait tous ces nuages; et il ne restait plus dans le cœur de Landon que cette douleur qu'on éprouve à feindre.

Pour Wann-Chlore, heureuse de voir approcher l'époque de son mariage, elle ne cachait pas la joie qu'elle en ressentait. Au milieu de son jeune âge, chaste et réservée, s'enveloppant pour ainsi dire du manteau protecteur d'un amour unique et impérissable, elle attendait avec candeur les plaisirs d'un religieux hymenée:

sa belle et noble pudeur n'était altérée en rien par les furtifs regards qu'elle jetait plaisamment sur ce domaine de l'amour complètement inconnu d'elle , et cette ignorance seule lui donnait le droit de parler. L'aventure de sa cousine et la raison lui avaient bien appris que le but du mariage était d'être mère : existe-t-il une fille de seize ans qui puisse ignorer sa destination sur cette terre ? la différence des vêtemens, les propos, les lois, les usages, tout enfin la leur apprend; mais ces vagues idées, pur effet de l'instinct , sont séparées, par un abîme, de la science du bien et du mal; et Chlora ne s'était pas avancée au-delà des pensées involontaires que suggère la raison , malgré les voiles dont la chasteté couvre les désirs de la femme. Ce serait calomnier la nature que d'offrir une sotte perfection qui ne peut exister sans être contraire au but de la Providence : Wann-Chlore complètement ignorante, ne serait-elle pas une figure toute idéale. Vierge de ces pensées qui offensent la pureté du cœur, elle prévoyait cependant que l'union des âmes entraînait de ravissans plaisirs. La figure brillante de Cécile, auprès d'un époux chéri, ne pouvait pas s'oublier facilement ; et Wann - Chlore, tendre, aimante, gaie, se livrait, dans l'innocence de son cœur, à une joie naïve. Se posant gracieusement sur les genoux de son bien-aimé, elle aimait à lui livrer sa belle chevelure, à recevoir un brûlant baiser. Souvent elle même, en demandant respectueusement cette permission, ses bras autour du col d'Horace, et, s'appuyant sur son cœur, elle disait : « J'avoue que je n'aperçois rien au-delà de mon bonheur. Tu ris, Horace!.. ne m'est-il donc plus permis de jouir du présent? Je sais bien que fille et curieuse, je me tourmente...; ne devons-nous pas être autrement quand nous serons mariés? A voir tes chers yeux me regarder, tiens, précisément comme en ce moment, je me figure qu'ils demandent... quoi?.. je ne sais; mais je deviendrai donc un jour la maîtresse, et... c'est alors que je me vengerai bien de votre supériorité d'âme, méchant! je compte bien vous tyranniser : cependant, mon doux ange, un baiser de toi me ferait quelque plaisir, et... pendant que tu es encore le maître, donne-le-moi?.. »

— Je pleure de joie, continua-t-elle, quand je pense que nous vivrons toute notre vie enchaînés ainsi l'un à l'autre, buvant ensemble à la coupe du plaisir, nous aimant toujours d'une âme aussi pure, seuls au milieu du monde et dans un cercle de lumière dont personne n'approchera. Que la mort nous surprenne ainsi, ta main dans la mienne, tes yeux se confondant aux miens par un regard, ah! cette mort sera calme et suave comme une belle nuit d'été! M'écoutes-tu? »

—Si j'écoute! ah! tes paroles sont une divine musique, et toujours le souvenir de ce moment sera gravé dans mon cœur. »

Quittant alors les genoux d'Horace, elle courut à sa harpe, et ajouta, au charme de ce doux moment, l'attrait si puissant d'une mélodie en accord avec les désirs enflammés de leur cœur.

Elle chanta, en levant les yeux au ciel comme pour lui adresser son hymne de remercîment. Landon l'admira, surtout lorsqu'elle cessa, que la harpe se tut comme indigne de balancer la source d'harmonie qui coulait de ses lèvres, et que des larmes roulèrent dans ces yeux « dont la lumière était faite pour être adorée, et non pour adorer. »

C'est ainsi qu'ils cheminèrent dans une voie toute céleste : plus heureux que le reste des hommes, ils y marchaient sans y trouver (elle du moins, et encore Horace oubliait-il tout alors) les maux contre lesquels lutte l'amour dans ses chemins difficiles : leurs espérances n'étaient point vaines, leurs soupirs ardens recevaient leur récompense; nul doute, nulle illusion ne les chagrinait; ils avaient devant eux un parterre, une prairie pleine de fleurs, et il suffisait d'y marcher pour cueillir une jouissance. Renfermés dans cette sphère brillante, loin du monde et même de la terre, ils respiraient un air de feu, et l'on pouvait sans crainte les comparer à ces anges qui se meuvent dans une région lumineuse, et qui, esprits immortels, n'ont qu'une seule pensée, celle d'adorer; une seule âme, qu'ils voyent à nu; et pour lesquels enfin il n'y a point de satiété dans le plaisir.

Raconter les scènes diverses qui, de ce temps d'attente et d'épreuve, leur fit un doux prélude au bonheur, serait vouloir se vouer à une prolixité sans grâce. Le frein que Landon était forcé de mettre à ses désirs, et la naïveté avec laquelle Wann-Chlore les excitait sans comprendre les tourmens de son bien-aimé, les jetaient dans une situation unique sur cette terre : en effet on trouverait difficilement deux êtres plus respectueux l'un pour l'autre, plus chastes, plus discrets; et cette pudeur, cette retenue s'accordaient admirablement avec leur liberté de discours, d'actions; car tel est le mérite de l'innocence, qu'elle joue avec le feu sans brûler ses cheveux : n'y a-t-il pas un Dieu pour les enfans ?... Aussi de cette charmante attitude dans laquelle deux âmes se trouvent si rarement, grâce à nos lois, (il fallait tous les événemens que le lecteur connaît pour que Chlora fût ce qu'elle était), résultait-il pour Landon des accidens véritablement cruels, et qui, au sein du bonheur, leur causaient encore ces scènes enfantines de dépit, de colère, d'inquiétude, qui rendent l'amour chose si enivrante.

Un soir, Landon, maudissant les lois, contemplait Wann-Chlore avec une ivresse douloureuse. A son âme revenaient en foule les charmans souvenirs des momens les plus doux de leur amour ; son imagination par-

courait les heures pleines et délicieuses, passées auprès de sa bien-aimée.
Elle se taisait, respectant le silence d'Horace. Il se la représentait toujours égale, douce, gaie, aimante, et voyait même encore ce fatal sourire qu'elle lui lança lorsqu'il voulut la tuer. Il la comparait à elle-même, examinant, avec la timide avidité de l'amour contraint, ses charmes et ses formes : il admirait la jeune vierge de Saint-Paul, simple, ignorant l'amour, si candide de visage, les traits si reposés et susceptibles en même temps de rendre tant d'expressions diverses ; et il voyait aussi la femme de vingt-deux ans, belle, tout aussi chaste, mais les formes pleines, les lignes de beauté plus pures, plus achevées, le visage brillant de tout son lustre, les traits

éloquens, les yeux remplis de vie, flottant pour ainsi dire dans les feux humides de la volupté... Il était ivre... Cette richesse, cette créature unique, elle lui appartenait, pour toujours.

Chlora s'approcha, mais lentement, comme un cygne qui se laisse admirer volontiers; elle le regarda, et, sans qu'il pût ressentir d'autre contact, elle posa légèrement ses lèvres sur celles d'Horace.

— « Chlora, s'écria-t-il en se levant avec fureur, va-t'en, laisse-moi... je t'avais défendu de m'embrasser ainsi.. cruelle... » et Landon, quittant le siége qu'il occupait, alla s'asseoir dans un coin. Wann-Chlore, interdite et silencieuse, se retira avec la soumission d'un enfant. Elle jeta sur Landon des regards furtifs et même plaisans; qui donnèrent une grâce enfantine à sa figure imposante; puis au bout d'un quart d'heure passé dans un profond silence, elle vint, avec la démarche d'une pénitente, s'agenouiller humblement devant son idole, la regarda d'un air moitié moqueur, moitié sérieux, et d'une voix douce qui affectait une sorte d'expression larmoyante, sans l'avoir réellement : « Je ne désobéirai plus, mon maître!...»

Landon de rire, de la prendre, de l'embrasser : « Ah! vous riez, mon maître!... Pourquoi avez-vous grondé votre pauvre chien, mon maître? qu'est-ce que cela veut dire ?... Fi, que c'est laid de gronder son amie, sa maîtresse, sa souveraine! » Elle se leva, imposante, majestueuse, et du doigt lui montrant la terre : « A genoux, vassal!.. » Landon, se prosternant, baisa sa robe avec respect.

Heureusement le dévoué chasseur arriva bientôt, apportant, au grand contentement d'Horace, les papiers nécessaires pour le mariage. Le jour où Landon vint annoncer à Wann-Chlore que le lendemain serait leur jour nuptial, il entra tout joyeux, respirant le bonheur, et s'écria : Terre! terre! nous abordons! Chlora, que me donnes-tu pour ma nouvelle?

— Que puis-je te donner? répondit-elle, je n'ai rien que tu ne possèdes!

— Laisse-moi prendre un baiser! Elle se leva et courut l'embrasser avec l'inexprimable abandon de l'innocence.

— Ah! dit Landon, c'est là un

baiser de fiancée... » Il assit Chlora sur ses genoux, et savoura lentement un de ces longs baisers qui rendent ivre par l'amour qu'ils inspirent. Chlora pencha la tête ; ses cheveux noirs se déroulèrent ; elle rougit en s'écriant : « Nous sommes mariés! voici un plaisir que j'ignore!.. elle baissa les yeux et cacha son visage, honteuse d'avoir témoigné tant de joie.

— Oui, ma chère vie, demain ! oh, demain ! nous serons époux. Wann baissa encore les yeux en gardant le silence.

Nikel et l'hôte du *Faisan* (c'était le nom de l'hôtel où Landon demeurait) furent les témoins que choisit Horace. Il récompensa assez généreusement l'hôte qu'il quittait pour que ce dernier fût un témoin sans prétention, et dont il pût se défaire après s'en être servi.

Nous ne dirons pas l'impatience de Wann-Chlore, elle était extrême : le matin à neuf heures ils marchèrent à l'autel. Elle était mise avec la plus grande simplicité, et sa toilette ne différait en rien de celle de la veille. Ils entrèrent à l'église sans être remarqués. Nikel était triste, mais il essayait de cacher sa tristesse. Landon fut marié à la chapelle où il avait rencontré Wann-Chlore. Lorsque le prêtre lui demanda s'il ne connaissait aucun obstacle à son union, il répondit négativement avec assurance et il vit Nikel pâlir : lui-même, en ce moment, trembla intérieurement, mais là le crime était consommé.

« Comment aurait il pu échapper
« aux séductions?... un être si beau,
« dont les accens harmonieux sem-
« blaient dérobés au ciel même,
« plongé dans un ravissement que les
« séraphins auraient été orgueilleux
« de partager. Oh! il sentit, hélas!
« trop bien cette douce magie, et son
« transport fut chèrement payé. (1)...

« Douce fut cette heure, quoique
« chèrement conquise, et pure au-
« tant que pouvait l'être une chose
« de la terre : alors le soleil glorieux
« vit pour la première fois devant l'au-
« tel de la religion, deux cœurs unis
« par les liens dorés de l'Hymen, jurer
« de vivre et de mourir en aimant.

---

(1) Thomas Moore. *Les Amours des anges.*
(Traduction de madame Louise Sw.-Belloc).

« Alors le front de la vierge porta,
« pour la première fois, cette guir-
« lande d'hyménée, qu'un second vœu
« ne peut ni replacer ni faire refleu-
« rir après qu'elle est fanée! Union
« bénie!.. seul asile paisible et sûr où
« l'amour après sa chute et son exil du
« ciel, puisse encore trouver une pa-
« trie dans ce monde ténébreux!.. Ce-
« pendant, jamais le Très-Haut ne
« regarda une faute d'un front moins
« sévère. La colère de la Justice se
« changea presqu'en sourire avant
« d'atteindre le coupable.»

Il devait être puni cruellement, mais l'heure du supplice et de la récompense tout à-la-fois n'était pas venu. Pour Wann-Chlore, en sortant de l'église, elle ignorait combien ses célestes beautés étaient fatales à

la vertu, et « lorsqu'elle rencontra
« les yeux de son bien-aimé, elle
« cacha l'éclat des siens dans le sein
« de son amant; sa joie même fut
« tempérée par cette humble pensée :
« —Quel droit ai-je donc à tant de
« bonheur? (1) »

Comme ces jeunes enfans qui, dans la fougue de la jeunesse, commettent une faute loin de l'œil sévère du maître, dévorent le charme de désobéir, mangent avec délices le fruit défendu, et s'amusent d'autant plus que, peut-être, gronde dans le lointain l'orage des punitions, tel Horace savoura cette journée.

---

(1) Thomas Moore. *Les Amours des anges.* (Traduction de madame Louise Sw.-Belloc).

CHAPITRE XVII.

Le myrthe ingénieux que la Grèce a transmis d'âge en âge, l'histoire de Galathée et de Pygmalion ne se soutient, comme cette charmante mythologie, que par de gracieuses allusions à d'éternelles vérités. Certes, jamais l'aventure de l'amoureux sculpteur n'eut sur la terre une plus belle, une plus fidèle image. Wann Chlore était Galatée, Galatée, statue froide, ignorante, et la foudre du plaisir manqua la consumer comme Danaé jadis. Ses yeux s'ouvrirent à la vie, elle marcha dans un nouveau jour, vers un autre horizon de l'amour : aux enivrantes joies de l'union des cœurs, de la pensée, elle joignit ces autres délices qu'un voile épais, la nuée dont Homère entoure Jupiter sur l'Ida, cache toujours, et qu'une main profane ne doit pas dissiper, sous peine d'être sacrilège.

Alors elle s'embellit par des charmes nouveaux. Elle *savait* maintenant, elle était initiée à tous les mystères de la vie, et si le feu de ses yeux devint plus vif, elle baissa plus souvent ses longues et belles paupières aux longs cils; sa modestie s'accrut en proportion de son bonheur, sa chasteté fut plus minutieuse, et ses regards ne prirent leur expression d'amour qu'à l'insu de Landon, en silence, à la dérobée, parce qu'elle en connaissait la puissance. Si la froideur avait pu paraître sur sa figure, elle eût été froide, mais n'était que réservée en présence même de sa chère Nelly. Elle fit prévaloir la coutume pleine de décence par laquelle, en Angleterre, une chambre nuptiale est un lieu sacré, dont l'entrée est interdite même aux serviteurs, et elle résolut de chercher une jeune femme de chambre digne d'elle, qui, seule, fût chargée de l'entretien et des soins que réclamaient ce saint asile des cœurs, cette patrie du plaisir, et ce lit, le trône de l'amour.

Comme elle, Landon voulut rester dans cette profonde solitude. Le Cloître leur était devenu trop cher, et d'ailleurs la situation de leur maison leur permettait de sortir par un faubourg sans être vus de personne. C'était pour eux un précieux avantage. Landon avait chargé Nikel de lui acheter une voiture à Paris, et la voiture arriva. Le chasseur était revenu avec des chevaux; il fut exclusivement chargé de cette partie de l'administration domestique, et Wann-Chlore put jouir ainsi de toutes les douceurs d'une opulence tranquille et sans éclat. Leur maison était commode, les prodigalités de sir Charles en avaient embelli l'intérieur, selon le goût de Wann, et c'était celui d'Horace. Nikel, Nelly et Gertrude leur formaient un domestique fidèle, discret; leur bonheur inépuisable devait être sans nuages.

Quelquefois au sein d'une nuit voluptueuse, Landon, appuyé sur le sein de Chlora, cœur sur cœur, ne pouvait cependant s'empêcher de songer qu'un hasard affreux et possible détruirait son bonheur. Alors à sa brillante imagination s'offrait l'image de ces pêcheurs dansant sur le bord de la mer, lorsqu'à l'horrizon le grain paraît, prêt à envahir le ciel et à soulever les flots, qui peuvent emporter les danseurs et leur cornemuse dont les sons se mêlent aux premiers coups de tonnerre. Alors Chlora l'accablait des plus douces caresses, lui parlait le langage le plus affectueux, le plus doux qui jamais ait flatté des oreilles humaines, et il lui répondait avec amour, cachant ainsi au fond de son cœur une flèche, une pensée cruelle. Quel supplice, et au sein de quel bonheur! C'est le père ayant affecté l'aisance, répandant sur ses enfans les jouissances à pleines mains, et qui, le lendemain peut-être, leur dira au milieu de leurs tendres félicitations : « Il n'y a plus de pain pour nous! »

Quelques mois se passèrent ainsi, et si Landon se souvint du temps qu'il avait passé près d'Eugénie, ce fut comme d'un songe pénible. La pauvre duchesse était éclipsée par cet astre nouveau. Les plaisirs les plus vifs goûtés avec elle pouvaient-ils approcher de ces torrens de bonheur, de cette inépuisable source de voluptés que Chlora versait comme une nymphe des eaux. Wann-Chlore avait un caractère qui savait revêtir toutes les formes, jouer tous les rôles; elle ressemblait au beau portrait de la Joconde : le spectateur devine sur cette figure si bien idéalisée, tous les sentimens imaginables, et choisit à son gré celui qui l'attache davantage. Enfin, quand Wann-Chlore n'aurait pas eu tous ces avantages, n'était-elle pas aimée?... la seule aimée de cet amour, seul vrai, fougueux, insatiable, éternel. Horace aimait bien Eugénie, et la preuve c'est que si, par hasard, un souvenir trop vif lui représentait la douleur dans laquelle elle devait être plongée, des larmes involontaires roulaient dans ses yeux; il aurait donné toute sa fortune pour qu'on vînt lui dire : « Eugénie a un amant! » Sa vie avec la duchesse fut une douce nuit; sa vie avec Wann-Chlore était un jour d'été, lorsque le soleil radieux darde ses rayons au milieu du ciel.

Ils passaient leurs jours au sein de la nature la plus pittoresque, trouvaient trop court ce temps dont les innombrables minutes tombent goutte à goutte sur l'homme : les promenades silencieuses, le soir, au bord des eaux, les soins de leur propre amour, les bienfaits, le soulagement des malheureux, les voyages sur la Loire, au sein des paysages variés que présentent ses bords, les discours charmans, les vives caresses, et la mutuelle confiance des âmes, une pensée commune, exprimée par l'un quand l'autre commençait à la concevoir, tout concourait à leur rendre le printemps de la vie perpétuel et trop court. Ils ne formaient qu'une seule âme, un seul corps, et tels ils vivaient tels ils seraient toujours; ils ne devaient entendre aucune dissonnance. Enfin c'étaient, dit encore notre poëte: « C'étaient deux mortels qui n'avaient qu'un cœur dans chaque pensée, se répondant comme l'écho qui répète de colline en colline les sons d'une musique aërienne, avec tant de fidélité qu'on cherche en vain quel est l'écho et quels sont les accords; dont la piété est tout amour, et dont l'amour, quoiqu'unissant leurs âmes dans une douce étreinte, n'appartient pas à la terre, mais au ciel. Ainsi deux glaces polies, placées vis-à-vis l'une de l'autre, se renvoient leur lumière, et ne réfléchissent que les cieux! »

Aussi, Horace n'était-il occupé qu'à chercher les moyens de rendre son bonheur éternel, en le préservant des dangers qui le menaçaient. Un soir il revenait à Tours en guidant Wann-Chlore à travers les sentiers qui couronnent les rochers de Vouvray, de Rochecorbon et de Saint-Symphorien : ils avaient joui de l'éclat de l'une de ces belles journées d'automne où la nature semble se parer une dernière fois avant de s'envelopper de ses vêtemens de deuil. Ces rochers éclairés le soir par les derniers rayons du soleil, qui répand à cette époque une lueur si rougeâtre, la pureté des eaux du fleuve, l'aspect des plaines qui séparent la Loire du Cher, tout rappelait à Wann-Chlore l'Écosse, habitée par elle avant de venir en France et à un âge qui ne laisse que des souvenirs confus.

Elle s'arrêta sur la crête du roc, contempla long-temps ce paysage et dit à Landon avec attendrissement : « Il y a un site semblable en Écosse... Qu'il est beau dans mon souvenir! Il me semble revoir là bas l'endroit où je jouais dans mon enfance, mais ce pays-ci est plus doux à voir... c'est le tien. »

—Crains-tu le froid? lui demanda Horace.

— Est-ce que je crains quelque chose auprès de toi.

— Eh bien, asseyons-nous!

—Mon ange, reprit-elle, promets-moi de venir ensemble en Écosse, il me sera doux de revoir ces lieux charmans... ils te plairont !.. Tu ne réponds pas ?...

Landon était absorbé; le bonheur lui avait presqu'ôté la faculté de réfléchir. Par ces mots Chlora lui indiquait un moyen d'échapper au malheur.

— Oui, dit-il, aller en Ecosse; y chercher une terre superbe, immense; y transporter mes biens; y vivre toujours loin du monde, de la France surtout...

— Qui te parle d'abandonner la France? s'écria-t-elle; me crois-tu capable d'exiger un tel sacrifice?... ta patrie n'est-elle pas la mienne?

— Nous irons, chérie, nous irons avant peu, et nous habiterons désormais les lieux de ta naissance.

— J'ai été élevée en Écosse, mais je suis née à Cambridge! et Dieu nous garde d'aller à Cambridge... Voyager en Écosse, n'est-ce point un songe?.. Dis-tu vrai?

— Oui, répondit Horace en sortant de sa rêverie, et alors son regard, reprenant une expression moins indécise, montrait à Wann-Chlore que Landon ne l'avait point écoutée.

— Qu'as-tu donc?... lui demanda-t-elle avec étonnement.

— Quelle fatalité!.. s'écria-t-il brusquement.

En effet, Wann-Chlore avait prononcé « qu'as-tu donc? » avec le même accent et le même intérêt qu'elle mit à le dire lorsque Landon partit pour l'armée, au temps de leurs premiers amours, et... en ce moment il méditait encore de s'éloigner. Ce rapprochement le frappa; et, après avoir expliqué la cause de sa surprise: « Oui, mon ange, dit-il à Chlora, oui, nous quitterons la France, et pour toujours. Nous chercherons un vallon solitaire, et nous y vivrons loin du monde. » A son tour Wann-Chlore, surprise et comme saisie par une vive et soudaine lumière, lui dit: « Sir Charles a une terre en Écosse, allons nous établir auprès de Cécile; nous aurons pour voisins des gens qui, s'aimant comme nous, comprendront toutes les exigences de l'amour : nous jouirons de notre liberté, sans nous gêner par de sottes convenances; nous resterons en silence dans notre manoir si nous voulons, nous irons les trouver s'ils le veulent; unis, séparés à notre gré, nous vivrons de la vie des anges. »

Ils revinrent joyeux, et Chlora ne pensa même pas à demander à son bien-aimé la cause de cette détermination. Mais le soir, quand réunis dans le lit conjugal, mollement éclairés par la lueur mystérieuse d'une lampe et groupés comme Adam et Ève, dans leur primitive innocence, durent l'être sous leur buisson touffu, elle dit à Horace : « Et pourquoi quittes tu donc ainsi la France?» Il rougit; elle s'en aperçut, et reprit : « Tu rougis, méchant, parle, dis-moi, est-ce un secret? O vite, dis-le-moi, tu sais bien que je ne le confierai qu'à mon bien-aimé.»

— Chère, répondit Landon qui avait eu le temps de se remettre, je fuis la France par lâcheté!

— Toi, lâche, s'écria-t-elle avec un divin sourire, toi le plus noble! le plus courageux! non, vous mentez, beau sire.

— Ma mie, répondit-il, ne savez-vous plus que je suis un guerrier... que des circonstances peuvent me forcer à reprendre le casque, à accepter les missions que l'on pourrait me confier, et une tête chérie par vous n'est pas plus à l'abri des balles qu'une autre.

— Oh, cher! tu me fais frémir, s'écria-t-elle en se mettant les mains sur le front; oh oui, partons, et arrange-toi pour qu'on ne puisse pas t'arracher de mes bras, même en

Écosse ! « Landon fut heureux d'avoir trouvé ce prétexte,

— J'ai payé ma dette à l'état, reprit-il, je puis me retirer au port sans honte : il ne faut pas, cher ange, que notre bonheur soit troublé. » Wann-Chlore le serra dans ses bras avec effroi, et ses baisers furent plus doux, et les caresses de Landon plus vives.

Le lendemain la tristesse s'empara de Chlora, car Horace lui dit : « Mon cher ange, dans peu j'irai à Paris.

— Pourquoi ?

— Ne faut-il pas réaliser ma fortune, donner ma démission, obtenir l'autorisation de quitter la France?... Oh! ne crains rien, ma promptitude égalera mon amour et mon absence ne durera pas quinze jours.

— Laisse-moi t'accompagner, dit-elle; voyager avec toi est un bonheur suprême: en effet, quand je marche auprès de toi, appuyée sur ton bras chéri, moi qui, jadis me fatiguais après cent pas, je sens que j'irais à Rome. Quel sera donc cet autre plaisir de penser ensemble vaguement, emportés par une voiture rapide, sur une route qu'on voudrait rendre éternelle. Je viens, n'est-ce pas?...

— Chérie, ce voyage, qui te semble charmant, serait un supplice insupportable : tu resterais seule à Paris des journées entières; pourrais-je t'emmener partout? Non, je partirai seul.

Pour la première fois Wann-Chlore avait à déployer cette soumission aux volontés d'un bien-aimé, charme le plus puissant d'une femme, respecteux devoir d'un véritable amour. En sentant qu'elle obéissait, elle eut une espèce de joie : « *Tu le veux*, dit-elle, je resterai malgré les vœux secrets de mon cœur. Ce voyage ne nous sera-t-il pas funeste,

Je ne rêverai que faucons, que réseaux,

dit-elle, en citant ce vers de la fable des deux pigeons, mais elle se prit à rire, et le regardant avec une douceur d'ange, elle ajouta : « Je voudrais que tu m'ordonnasses quelque chose de plus cruel, j'obéirais encore.»

Horace tomba à ses pieds, saisit ses mains et lui dit : « O charme de mon cœur!... ah oui, ta patrie n'est pas la terre ! » Il baissa la tête sur les genoux de Chlora, et versa quelques pleurs en silence. Elle les vit, et, lui serrant la main : « Merci, mon maître, dit-elle, de compatir aux maux de votre pauvre brebis. Écoute, quand tu es parti la première fois, tu as été blessé; la seconde, tu m'as crue infidèle; que m'arrivera-t-il aujourd'hui?

—Rien, j'espère! répondit-il d'une voix entrecoupée, que le ciel nous protège!...

—On dirait que tu crains?

Landon s'échappa sous prétexte d'aller préparer son voyage.

—Heureusement, dit-elle, que j'ai encore quelques jours à le voir!...

Landon revint à la nuit : en traversant le cloître, il aperçut une figure noire, debout, devant sa maison : « Elle a l'air de la mort! » se dit-il, et il approcha. Une femme vétue de noir passa lentement à ses côtés et se perdit dans les hautes et sombres murailles du cloître : il entendit le froissement des étoffes qui couvraient le spectre et il frissonna involontairement. Le passage rapide de cette ombre répandit un froid de glace jusque dans son cœur, « C'est ma femme, » dit-il avec horreur. Puis rappelant son courage : « Ne serait-ce pas une vision de mon cerveau troublé? pensa-t-il; je veux, parbleu, en être certain. »

En voyant alors l'ombre de cette femme en deuil, projetée dans le cloître par la lueur du seul reverbère qui éclairât ce triste lieu, il courut, et, malgré ses recherches, il ne trouva personne. Là, en proie à un effroi mêlé de superstition, il s'arrêta silencieusement et prêta l'oreille, espérant encore entendre le cri des étoffes ou les pas du spectre. Des soupirs étouffés semblèrent sortir des arceaux de la cathédrale, il se dirigea de ce côté, mais, après l'inspection la plus minutieuse, il ne découvrit rien qui pût justifier l'illusion de ses sens. — « Elle m'apparaît dans mes songes, dit-il, elle peut bien me poursuivre le soir!.. » Honteux d'avoir obéi à sa faiblesse, il se hâta de rentrer chez lui.

— Grand dieu! s'écria Wann-Chlore en le voyant entrer; qu'est-il arrivé? Horace, tu es blanc!...

— Alors je te ressemble, dit-il en riant et il s'assit auprès d'elle.

— Jure-moi, dit-elle, que tu n'as rien éprouvé de fâcheux.

— Non, je t'assure... Elle respira plus librement, et l'embrassant : « La tranquillité d'une femme qui aime, ajouta-t-elle, dépend du moindre pli qui se forme sur le front des rois de la terre. »

Le matin même Eugénie était arrivée à l'hôtel du *Faisan*. Le voyage lui avait rendu de la force et de la santé. Rosalie remarqua même que le visage de sa maîtresse quittait son expression de douleur à mesure que l'on approchait de Tours. Quand la voiture roula sur la levée et que la duchesse aperçut les clochers de Saint-Gatien, elle sourit, embrassa son fils avec joie, et Rosalie dit : « Madame ne paraît pas du tout avoir été malade. »

— Je suis tout-à-fait bien, répondit Eugénie.

Pendant la route, la jeune duchesse avait fait à sa fidèle Languedocienne, sinon une confidence entière, du moins une relation succincte des principaux événemens qui l'amenaient à Tours, prévoyant bien que l'adresse de Rosalie lui serait plus d'une fois utile. La femme de chambre avait promis une discrétion sans bornes et une fidélité à toute épreuve. Sans comprendre la sublimité du caractère de sa maîtresse, elle l'aimait trop pour ne pas tout sacrifier à son bonheur.

Le hasard voulut que la duchesse descendît à l'hôtel du *Faisan*, où Landon avait demeuré pendant quelquel temps; et, avec la prudence que donne le malheur, elle avait pris le nom de comtesse de Taxis. L'infortunée, en descendant ne put s'empêcher de songer à ce premier voyage, fait dans cette même voiture avec un époux chéri, qu'elle n'osait point encore accuser. La place d'Horace était restée sans être occupée, et Eugénie la respecta même au point de n'y pas poser son enfant. Cette place vide lui représentait son bien-aimé avec plus de vérité que toutes les visions de son imagination : *Præfulgebant eò quod non visebantur*, a dit Tacite.

Lorsque la duchesse parvint à l'appartement qu'on lui avait destiné, sa première pensée fut de dire à Rosalie : « Par quel moyen découvrirons-nous *leur* demeure? » et elle fondit en larmes.

— Ah! madame, ce sera difficile, vous ne voulez compromettre personne et ne pas vous montrer, m'avez-vous dit : diable, je ne suis pas mal rusée!.. Et, en prononçant ces paroles la Languedocienne, frappant le parquet par de petits coups de pieds réitérés, regardait par la fenêtre : « J'irais bien à la promenade publique, il doit y en avoir une ici, mais Monsieur n'est pas homme à aller se promener en public avec celle qu'il aime.

— Oh non! dit la duchesse en balançant son enfant comme pour l'endormir. — « Eh bien, trouves-tu?.. »

A ce moment Rosalie s'élança comme un trait hors de la chambre, et disparut.

— « Quel est, dit-elle à l'hôte, ce garçon que vous avez mené sous votre remise, et auquel vous montriez cette voiture-là.» Rosalie indiquait la berline dans laquelle Landon avait fait son voyage. Cette berline avait été vendue par Nikel à l'hôte du *Faisan*, lorsque Landon crut se fixer à Tours. Nikel et l'hôte étaient devenus grands amis, et le chasseur venait lui emprunter la berline pour le nouveau voyage de son maître.

— Connaîtriez-vous cet excellent garçon, mademoiselle? répondit l'hôte à Rosalie?

— Mais je crois l'avoir rencontré quelque part. Quel est son nom?

— Nikel, mademoiselle; il est valet de chambre chez un jeune homme nouvellement marié.

— Que vous nommez?

— Horace Landon... Il a épousé

une anglaise de la plus grande beauté. Je suis peut-être le seul qui l'ait vue... j'étais un des témoins...

— Landon!.. Landon!.. répéta Rosalie, ne demeure-t-il pas?..

— Rue Racine, dans le cloître...

— Je me trompe, mon cher monsieur, le valet m'est aussi inconnu que le maître.

Rosalie consternée remonta précipitamment; et, couvrant sa terreur sous le masque d'une fausse gaieté, elle apprit cette fatale nouvelle à sa maîtresse, en usant des plus grandes précautions. Le plus affreux silence régna. La duchesse devint pâle.

— Marié! s'écria Eugénie avec une profonde horreur; marié?..— Rosalie, silence!— On vient, je crois? Non... Rosalie, quelle heure est-il?..—Dans le cloître, dites-vous?—Ne parlez donc pas Rosalie, vous m'interrompez toujours...—Marié! et cet enfant, bourreau! le tueras-tu? il est à toi! »

Eugénie avait les yeux fixes, elle était debout et tendait son enfant. Rosalie le prit, en disant avec terreur : « Madame est folle!... »

La duchesse se promena lentement, sa respiration était haletante : «Oh, oui, ta Wann-Chlore est une créature céleste...je suis loin de pouvoir l'éclipser; je sais que tu l'aimes mieux que moi... mais tu savais toi... que je mourrais..., oui, je mourrai!—Rosalie, connais-tu de quelle matière est fait le cœur de l'homme?... la boue, mon enfant, la boue!.. »

Elle sauta et se mit à rire aux éclats, mais tout-à-coup ses yeux se portèrent sur son enfant : elle le contempla, s'assit, le prit et pleura : « Ta mère est bien malheureuse! pauvre être! dit-elle; elle était née pour souffrir : malheureuse pendant l'enfance, malheureuse aujourd'hui, toujours malheureuse, et... pour une année de bonheur, elle a cueilli un fruit dans l'enfer! — Victime du hasard!.. O cher Horace, tiens, vois le sommeil de ton enfant!... vois-le? il demande grâce pour sa mère!...» Elle pleura abondamment; et Rosalie, devinant bien que sa maîtresse était dans une crise, la laissa sous l'égide de la nature.

— Horace serait mort de douleur, puisque Wann-Chlore lui est fidèle! ainsi moi seule, suis de trop! — Si je meurs, je ne serai pas regrettée!... oh non!.. mais mon enfant!..»

A cette pensée, elle se lève, son regard s'enflamme, elle retrouve sa raison, du calme, elle est presque froide. Il semble que les femmes, dans leurs momens d'énergie, soient plus fortes que les hommes. — « *Il* est perdu! dit-elle. — Rosalie, partons!.. partons!..» Elle s'arrêta et pâlit : — *S'il* est ici! dit-elle, et je ne *le* verrais pas?.. Un regard, même indifférent, me serait, je crois, si doux!.. » Son amour, sa tendresse, étaient revenus avec la raison, et son courage grandissait sous le poids de ses malheurs!

— Rosalie, j'irai!.. je le verrai.

— Madame?..

— En secret, rassure-toi!..

Elle sortit le soir, contempla long-temps cette maison de bonheur : sa souffrance fut horrible, elle lui plaisait. Il y a en effet deux douleurs : cette grande douleur héroïque, sublime, qui regarde la tombe et se repaît de l'image d'un amant mort ; celle plus profonde, qui, pâle, plaintive, s'écarte, fuit tout souvenir et se consume dans une mortelle solitude. C'était Eugénie que Landon avait aperçue. L'un de ces deux êtres qui, huit mois avant, dormaient sur le sein l'un de l'autre, avait fui son compagnon chéri : ils étaient séparés par un torrent.

Eugénie rentra : — « Madame il faut vous mettre au lit, lui dit Rosalie.

— Tu crois ?

— Oui madame, vous êtes glacée.

— Que ne suis-je morte ! » Elle se mit au lit. Rosalie passa la nuit auprès d'elle.

CHAPITRE XVIII.

Les apprêts du voyage de Landon se firent lentement. Wann-Chlore, usant de la finesse que déploient les femmes quand elles veulent satisfaire sourdement un désir, créait des retards et multipliait les obstacles. Néanmoins la veille du départ arriva : le temps était la seule chose qu'elle ne pouvait empêcher de marcher. La tristesse de Chlora avait redoublé : quelquefois elle s'élançait dans les bras de Landon et disait : « Ne pars pas ! reste avec cette pauvre Wann-Chlore que tu aimes tant ! »

— Mon cœur, répondait Landon, si tu le veux, je vais rester, mais c'est mettre sa main devant ses yeux comme les enfans.

— Tu as raison, tu as tout pour toi : nous autres, nous sommes toute faiblesse ; mais les Écossaises ont le *don de seconde vue*, et je pressens quelque malheur ; ta voiture est-elle solide ? ne verse pas en route, ne...

— Folle !

— Oui, tu as encore raison, l'amour est une folie.

Le temps était superbe malgré le froid, le ciel était sans nuages, le soleil brillait et la campagne avait encore un reste de verdure. Wann-Chlore voulut se promener avec Horace pour la dernière fois avant son départ, Landon y consentit. Ils sortirent de Tours par le faubourg Saint-Étienne et marchèrent en silence le long de la levée d'Amboise. « On ne sent, disait-elle, jamais tant l'amour que l'on a pour quelqu'un que lorsqu'il nous quitte! Je ne connais rien d'affreux comme l'absence, j'ai toujours souffert par elle : une femme sans son amant, c'est un lustre sans lumière, un temple sans Dieu, une nuit sans astre... que sais-je? un néant!... »

Ils se reposèrent à une demi-lieue environ de la ville, sur une grosse pierre qui se trouvait au bord de la levée. « Horace, dit Wann-Chlore, regarde comme tout va prendre le deuil de ton absence: vois ce nuage à l'horizon, il resssmble à un crêpe, il annonce de la neige pour demain.

Demain ? comment puis-je prononcer ce mot, demain tu me quittes... Être quinze grands jours, quinze siècles sans te voir, sans t'entendre! Au moins dis-moi bien, ici, sur cette pierre, elle est une sorte d'autel, ah, dis-moi bien que tu m'aimes! je serai long-temps sans l'entendre ; dis-le moi, si bien que tes paroles retentissent toujours à mon oreille : ton cher discours sera une amulette pour mon âme faible et superstitieuse... J'écoute, mon bien-aimé.

— Wann-Chlore, je vous aime! répondit Horace avec une gravité profonde.

— Ah, te voilà! tu me jettes cela comme un os à un chien!

— Oh, mon unique chérie !.. s'écria Landon en la pressant sur son cœur ; et, regardant sur la route pour s'assurer qu'ils fussent seuls, il l'embrassa : « ma pauvre chère, tu ignoreras, heureusement j'espère, combien je t'aime !.. Que sais-tu, dit-il avec énergie, si dans ce moment même je ne te s'acrifie pas honneur, patrie, et... plus encore. »

— Que signifient ces mots?... s'écria-t-elle.

Landon se mit à rire : — « ne t'ai-je pas dit que je t'aime !... ».

— Oui, mais tu m'as effrayée..., et je ne veux pas qu'un sentiment d'effroi se mêle dans mon âme au souvenir d'une si douce fête.

— Chlora, continua-t-il avec le tendre accent d'amour qui la charmait si puissamment qu'elle serait éternellement restée dans une attitude de respect, occupée à savourer ses paroles : « Ma chère Chlora, possédons-nous le sublime langage des archanges pour parler de leur vie? L'homme, en tombant, perdit toute mémoire de cette langue céleste, et les doux regards, les étreintes, les exclamations de l'amour, sont tout ce qui nous en reste. Tu la parles, toi, cette langue harmonieuse quand ta harpe résonne, quand tes yeux lancent leur flamme: les jouissances échappées de ton âme sont celles de l'Éden; comme tu en as le langage; et tu m'as fait connaître, mon amour, ses divines extases, ses purs ravissemens. A tes côtés, je deviens tout âme, toute divinité... je te ressemble enfin... Hélas! je peux sentir mon bonheur, mais le décrire, je ne puis: tout ce que je sais, c'est qu'où tu es, là est la vie pour ton Horace.

—Sublime! dit-elle. —Va, tu peux partir!...

— N'entends-tu pas des soupirs étouffés? s'écria Landon.

— Non!« Elle regarda sur la route, et ne voyant personne : —«Tu rêves, mon ange!» dit-elle avec la voix du bonheur dans l'ivresse.

Ils revinrent, se tenant par la main, ravis, heureux, et Chlora était moins inquiète: ils marchaient comme les anges dans un nuage de feu. Lorsqu'ils furent assez éloignés pour ne plus voir le lieu de la scène, Eugénie sauta avidement sur la pierre. C'était elle qui, témoin invisible de cette scène, n'avait pas réussi à étouffer ses soupirs et ses larmes. La levée d'Amboise est une digue faite pour préserver les plaines qui séparent la Loire du Cher, et Eugénie, en se glissant au bas du talus, avait pu suivre les deux amans qui marchaient sur le sommet de la levée. Quand ils se reposèrent, elle avait trouvé dans cette digue une excavation assez profonde qui lui permit de se dérober à leurs regards et d'entendre leur conversation. — « Eh bien, Rosalie, dit-elle, y a-t-il de l'espoir?

La Languedocienne était muette.

— Si Nikel, répondit-elle, en retrouvant la parole, se jouait ainsi de moi, je lui arracherais les yeux?

— Pauvre enfant! tu crois aimer!.. alors tu n'aimes pas! Quel organe enchanteur a cette créature-là !...

— Laquelle, madame?

— Ah, toutes deux! dit Eugénie en pleurant. Il s'est assis là... (et elle regardait la pierre), voici la trace de son pied (sans Rosalie elle aurait baisé le sable) : bien cruel et bien cher! ajouta-t-elle en levant les yeux au ciel. « Venez, Rosalie, voici l'heure de coucher son fils! » Elle soupira, mais elle avait entendu la voix de son bien-aimé. Cette voix lui avait déchiré le cœur comme le cri de liberté qu'écoute un prisonnier, mais elle l'avait entendue!...

Wann-Chlore accompagna Landon jusqu'à Blois. Là, elle obtint d'aller à Orléans, mais à cette ville, Horace fut inflexible. Chlora repartit pour Tours, après avoir écouté long-temps sur la route le bruit de la berline. Quand elle rentra chez elle, elle trouva la maison vide, affreuse. Sa chambre, ce temple sacré, lui déplut : n'était-ce pas l'endroit où, pour être seuls, ils se réfugiaient. En la rangeant elle-même, elle pensa qu'elle n'avait pas encore trouvé de femme de chambre : elle voulait une autre Nelly, plus jeune, vive, un trésor enfin. Gertrude, toute gentille qu'elle était, ne savait rien ; sa jeunesse ne lui permettait pas de grands travaux. Wann-Chlore s'estima heureuse d'avoir une distraction : s'occuper du choix d'une nouvelle Nelly ! c'était chose sérieuse, et Wann-Chlore comptait au moins dérober quelques jours à la tristesse. Une âme chagrine a besoin de mouvement et d'activité. Wann-Chlore mit sur-le-champ Gertrude et Nikel en campagne.

Le chasseur eut recours à son ami, l'hôte du *Faisan*. Rosalie aperçut encore son mari causer confidentiellement au milieu de la cour. L'envie de savoir ce qui se passait chez la rivale de la duchesse, et mieux que cela, le plaisir d'épier un mari, firent descendre la Languedocienne. Elle manœuvra comme un chat qui a peur de se mouiller les pattes, et, saisissant un moment où l'hôte et Nikel, qui se promenaient en long dans la cour, lui tournaient le dos, elle parvint à gagner sans être vue un espèce de bûcher d'où elle pouvait tout entendre.

—Madame Landon voudrait qu'elle

eût une certaine éducation... disait Nikel à l'hôte.

— C'est donc une dame de compagnie que madame Landon désire, répondit l'hôte.

— Non, dit Nikel, il faut qu'elle puisse faire la chambre, mais voilà tout! — « Ils s'éloignèrent et Rosalie n'entendit plus rien. Bientôt ils revinrent.

— Votre maître est donc parti?...
— Oui. — Elle gagnerait sept à huit cents francs.
— Vraiment?
— Et une rente après un temps... Leur marche les dirigeant vers l'autre bout de la cour, Rosalie attendit.

— Mais, disait l'hôte en revenant, j'ai une de mes cousines, qui, si les quatre cents francs de rente sont certains, pourrait...

— Pourvu qu'elle plaise. » Ils étaient encore trop loin pour que Rosalie pût saisir la suite, mais au retour—« de la Havane! disait l'hôte avec surprise.

— De la Havane! répéta Nikel, et d'un goût! ah, jamais vous n'aurez fumé meilleur cigare! »

Cette fois, la Languedocienne s'esquiva en reconnaissant que le chasseur était incorrigible, et que, nonobstant ses promesses, il fumait toujours en secret. Elle commenta tout ce qu'elle avait surpris et en instruisit Eugénie.

—Et que m'importe qu'elle veuille une femme de chambre! s'écria la duchesse, cela me rendra-t-il Horace? D'ailleurs à quoi pensai-je? n'est-il pas perdu!.. Je ne lui plairai plus!.. »

Rosalie se retira.

— Il est perdu pour moi! répéta-t-elle; et cependant, le voir, c'est toute ma vie! Pourquoi ne serais-je pas son esclave, sa servante?.. Elle parcourut sa chambre à grands pas, s'assit, se leva, sentit la sueur inonder son dos et le froid la gagner tout à coup. Elle acquérait en ce moment une énergie nouvelle.

— Oui! s'écria-t-elle, j'en aurai le courage! Nulle femme n'aura porté si loin le dévouement de l'amour!» La jalousie, sentiment qui n'abandonne jamais entièrement le cœur le plus aimant quand il est offensé, lui laissait entrevoir une vengeance bien légitime au milieu de ses souffrances.

Elle appela Rosalie: — «mon enfant, lui dit-elle, que je t'embrasse pour ta nouvelle!»

— Laquelle?

— Ne veut-*elle* pas une femme de chambre? — Ce sera moi!..

— Y pensez-vous, madame?

— Ce sera moi! vous dis-je. Elle regarda Rosalie, et Rosalie se tut.

— Mon enfant, si M. le duc était au logis je ne pourrais jamais être reçue, mais en son absence on m'acceptera, alors je *le* défie de me chasser. Pas un mot, Rosalie.

— Votre enfant, madame?

Elle frémit — « Ce sera un obstacle, mais je le vaincrai! Rosalie, vous vous logerez dans la maison qui se trouve vis-à-vis de la *leur* : tu l'achèteras, s'il le faut, et telle somme dont tu puisses avoir besoin pour cela je te la donnerai. Si *mon* enfant n'était pas souffert dans *sa* maison je l'aurais, au moins, à un pas, sous mes yeux; d'ailleurs ne faut-il pas que vous me serviez?.. Ainsi, loue, achète donc cette maison, il le faut. —Cherchez-moi vite un tablier; cours acheter un joli bonnet, et que dans deux heures j'aie mon costume. »

Rosalie sentit qu'il y avait dans ce projet des idées trop élevées, ou un plan trop difficile à concevoir pour elle. Elle sortit et, sans se creuser la tête à deviner les raisons qui engageaient sa maîtresse à prendre son rôle, elle s'empressa de lui obéir. En trois heures de temps elle en fit une des plus jolies filles qui eussent porté le tablier. La duchesse recommanda à Rosalie de quitter l'hôtel du Faisan quand elle aurait trouvé à se loger, et de mettre la voiture en lieu sûr;

les armes des Landon étaient peintes sur les panneaux.

Eugénie courut chez sa rivale avec tant de précipitation qu'on eût dit qu'elle craignait de voir son dessein renversé par quelque réflexion. Elle tâchait de ne plus penser à rien. Elle entrevoyait bien des chagrins, des instans cruels; mais elle vivrait sous le même toit qu'Horace; elle le verrait, lui obéirait : « Il ne m'empêchera pas, se disait-elle, de l'aimer... ainsi je serai presqu'heureuse : cette vie-là est encore préférable à la mort... et... sans lui je mourrais. » Elle arriva rue Racine, frappa, entendit les pas de Nikel. Il ouvrit.

— Dieu du ciel! madame la duchesse! s'écria-t-il.

— Nikel, dit Eugénie, silence!

Immobile, il la regardait d'un air hébété.

— Nikel, reprit la duchesse, pas de sottises, ou vous perdez votre maître ! Il faut me traiter devant *Madame... madame* enfin, et ses domestiques, comme si j'étais une femme de chambre, si *elle* m'accepte !.. Surtout pas d'imprudence, pas d'indiscrétion, vous tueriez trois personnes d'un mot. Allez annoncer à la maîtresse de la maison qu'il se présente une femme de chambre, allez ! »

— « Vous êtes blanc, lui dit la duchesse; ne nous perdez pas, raffermissez-vous ! » Le pauvre chasseur marcha, mais lentement; la foudre tombée à ses pieds ne l'aurait pas tant étourdi. Il arriva dans le salon et bégaya sa commission à Wann-Chlore.

— Qu'avez-vous, Nikel ? lui dit-elle.

— C'est qu'elle est jolie comme un ange... mon général.

— Le pauvre garçon ! il est fou !

— Plaît-il, madame ?.. Leduc...

— Elle se nomme madame Leduc ? reprit Chlora ; faites entrer.

Le pauvre chasseur sortit en proie à une sombre stupeur : il eut encore assez de présence d'esprit pour prévenir la duchesse qu'elle se nommerait désormais madame Leduc.

Eugénie parut à la porte du salon.

— « Donnez-vous la peine de vous asseoir, lui dit Wann-Chlore avec un son de voix plein de bonté.

Eugénie s'assit, regarda sa rivale et ne put lui refuser son admiration : Chlora surpassait le portrait idéal que la duchesse imagina jadis en lisant l'histoire des amours de Landon. La figure d'Eugénie s'altéra : les deux sentimens contraires sur lesquels roulent toutes nos affections, la haine et l'amitié se disputèrent son cœur. Tantôt elle se sentait prête à tout sacrifier au bonheur de cette belle créature et de Landon, et tantôt les invincibles désirs de son légitime amour, son affreuse jalousie, lui suggéraient de porter la douleur et la mort dans ces deux cœurs ennemis de sa joie.

Wann-Chlore était assise sur un divan; et, le coude appuyé sur un coussin, elle retenait dans sa main sa tête pleine de mélancolie, mais respirant aussi le bonheur et l'amour. Elle regardait avec intérêt Eugénie qui, modestement placée sur une chaise à quelques pas de sa rivale, baissait et relevait ses yeux tour à tour : malgré les tourmens qu'elle éprouvait sa contenance était calme.

— Avez-vous déjà servi, madame ? lui demanda Wann-Chlore.

— Oui madame, répondit Eugénie avec une douloureuse expression, mais je n'ai servi qu'un maître.

— Vous êtes, m'a-t-on dit, d'une bonne famille.

— Oui madame.

— Vous avez donc éprouvé des malheurs?..

— Oui madame, de bien grands...

— Vous vous appelez madame Leduc, mais quel est votre nom de fille?

— Joséphine, madame.

— Eh bien, Josephine, venez ici?... Elle lui montra le divan : « Là, bien, »

Elle lui prit la main : — Contez-moi vos malheurs?..

— Madame, dit Eugénie, j'étais placée par ma mère auprès d'un capitaine peu fortuné, il est vrai... mais...

— Oh, j'entends le *mais*, dit Chlora; tout ce que vous me direz serait inutile, mon enfant, le type d'un capitaine est dans mon cœur plus brillant que toutes les peintures possibles.

— Je l'ai aimé, madame...

— Vous avez aimé! s'écria Wann-Chlore. O Dieu de bonté! je te remercie! Vous avez aimé et vous êtes malheureuse! Ah! madame, vous m'entendrez, vous! Votre figure annonce une belle âme... vous serez mon amie... au moins je ne verrai plus *leurs* yeux me regarder froidement... Pardon, continuez?

— J'ai un enfant!.. dit Eugénie en rougissant.

— De *lui*?..

— De *lui*, madame.

— Êtes-vous heureuse!.. Quel âge a-t-il?

— Huit mois tout à l'heure.

— Mais que vous est-il arrivé?

— Il m'a abandonnée!.. Elle ne put retenir un torrent de pleurs. — Il m'a abandonnée et... il est mort, mort pour moi !..» Chlora pleurait aussi. Elle prit la main d'Eugénie pour la serrer sur son cœur. A ce moment, Eugénie se léva, dégagea sa main et s'élança vers la fenêtre pour respirer l'air extérieur : sa rivale l'avait écrasée par ses pleurs. Bientôt elle revint et frissonna quand Wann-Chlore, lui reprenant les mains, ajouta : — « Joséphine, vous amènerez votre enfant dès ce soir; nous en aurons soin: j'adore les enfans... je veux bercer le vôtre, lui chanter des chansons pour l'endormir, je serai votre lieutenant, ma chère... Pauvre belle! je connais maintenant toute votre histoire, elle a été presque la mienne. » Eugénie la regarda avec stupeur. — «Mais moi, le bien-aimé est revenu! le vôtre reviendra peut-être...

— Il est mort pour moi, madame, Il ne m'aime plus!..

— Et... vous avait-il dit qu'il vous aimait?..

Eugénie baissa la tête et la releva en agitant ses sourcils comme si elle fût soudain devenue folle.

— C'est un lâche! reprit Chlora.

— Oh non! s'écria Eugénie en laissant échapper un sourire de dédain. Son heureuse rivale aperçut le sourire; et, pressant alors Eugénie sur son cœur, elle s'écria : « Ah! tu aimes, toi!.. » Il y eut un moment de silence, pendant lequel Wann-Chlore examina Eugénie avec attention.

— « Madame, reprit-elle avec une vive émotion, soyez mon amie? Le seul service que je vous demanderai sera de faire ma chambre avec moi; du reste, vous aurez un appartement à vous, vous mangerez seule et vous viendrez avec moi, aussitôt que mon mari sortira. A ce titre d'amitié, vous nous rendrez mille petits services à table : je n'aime pas quand je suis avec *lui* que des domestiques écoutent entrent, sortent et nous voient. Je voudrais alors une âme amie qui comprît l'amour et son exigeance : vous m'entendez, n'est-ce pas ?... Quant à votre fortune ne craignez rien ! vous savez que monsieur est très-riche, vous n'avez qu'à demander : si cent louis de rente perpétuelle vous conviennent, nous vous les assurerons... Tenez-vous à rester en France ?

— Partout où vous serez, madame, je me plairai.

— Nous allons voyager en Écosse ! » Eugénie frissonna : « Un peu plus tard, se dit-elle, je l'aurais tout-à-fait perdu ! » Comme elle trouva son affreuse situation préférable à celle dans laquelle elle aurait alors été plongée.

— Hé bien, continua Chlora, c'est convenu, ma chère, ce soir même vous viendrez, n'est-ce pas?..

— Oui, madame, je vous rends mille grâces de votre bonté.

— Hé non, Joséphine, c'est moi qui vous remercie! Avec quel plaisir nous causerons ensemble... je vous parlerai de mon cher Horace..., ah, votre présence m'a donné un moment de joie! *Il* est absent, et j'étais triste quand vous êtes arrivée. Je l'aime, mon enfant, comme vous aimiez vous-même... .

A ce moment Eugénie aperçut le portrait de Landon et pleura. Heureusement Wann-Chlore attribua ces larmes à sa phrase:«Que je m'en veux! dit-elle de vous rappeler vos malheurs! Allons, amenez-moi votre enfant et restez avec moi : deux jeunes folles comme nous feront un beau ménage... Soyez sûre de trouver un autre amant... Mais, dites-moi, pourquoi portez-vous ainsi des rubans de deuil?

— Pourquoi, madame?.. Est-ce une question?..

Chlora baissa les yeux : elle avait eu l'orgueil de croire qu'elle seule savait aimer. Cette divine créature alla à Joséphine ; et, déposant toute jalousie, heureuse de rencontrer une âme digne de la sienne, elle embrassa sa rivale avec une touchante effusion de cœur.

Eugénie sortit. Chlora avait exercé sur elle son empire comme elle avait séduit à son tour sa belle rivale. En un moment ces deux âmes, que les circonstances rendaient ennemies, s'étaient senties de la même nature; et si l'on suppose aux belles âmes une commune origine et une tendance à se réunir, elles s'étaient identifiées à leur insu.—« C'est une sirène, se dit Eugénie en sortant, elle attire pour donner la mort ! »—« Elle est charmante, pensa Chlora, je l'aime déjà !.. »

Eugénie avait eu un espoir, il était détruit. Elle acquit la certitude que jamais elle n'éclipserait Chlora et cette horrible assurance ne servit qu'à l'affermir dans la résolution qu'elle avait formée de lutter d'amour avec Wann-Chlore.

La jeune duchesse trembla en présentant son enfant à sa rivale. Elle croyait que la rassemblance causerait quelque malheur, oubliant qu'il faut être mère pour bien connaître les traits d'un enfant. Chlora le trouva charmant.

— Quelle envie cela donne d'être mère!.. Mais, ma chère jolie, vous êtes d'un luxe... votre enfant a une robe!.. et quel bonnet... une dentelle d'Angleterre!..

— Ah, madame!..

— Ma chère, laissons les grimaces, nommez-moi Chlora, comme je vous nommerai Joséphine! dit-elle vivement; quand j'aime, moi, c'est tout de bon.

— Un enfant, continua Eugénie, est tout l'orgueil d'une mère..

— Et le père qu'est-il donc? Mais Wann-Chlore s'arrêta, en pensant au malheur d'Eugénie. « Ma chère, reprit-elle, vous me sauvez la vie, vous et votre enfant : je serais morte cent fois d'impatience si je n'avais pas une occupation qui me prît la nuit et le jour. J'aurai à veiller, n'est-ce pas? à aller, venir, chanter pour endormir votre cher petit, le faire manger, alors je n'aurai plus dans l'âme cette pensée affreuse : « tu es seule, il n'est plus là!»

Eugénie aperçut un avenir affreux : « supporterais-je, se dit-elle, le spectacle de *son* amour!.. »

Le soir même elle fut installée dans cette maison, cette maison pleine d'un bonheur qui n'était pas le sien. Elle aida Chlora à faire la chambre nuptiale, et quand elles eurent fini : « Joséphine, dit Wann-Chlore, je ne coucherai jamais ici... Nous irons ensemble dans le salon là haut: il y a deux lits, nous soignerons votre enfant tour à tour; vous pourrez dormir. La vue de cette chambre me tuerait... »

Eugénie connut ainsi tout à coup le caractère adorable de sa rivale. Elle admira cette inépuisable bonté, ce penchant inné à plaire à la moindre créature, cet esprit doux, gai, sans fiel, et cette amitié touchante (presque aussi pure que son amour) dont elle accablait une rivale inconnue. La duchesse, en prenant la fatale résolution de servir Wann-Chloré, n'avait pas vu toutes les souffrances de cette situation, elle aurait préféré la mort.

Le lendemain, Chlora reçut une lettre de Landon. Elle la lut à Eugénie; la pauvre duchesse aurait bien voulu baiser l'écriture; Wann-Chloré la baisa devant elle. La duchesse épia un moment où elle resta seule; et, relisant cette lettre pleine de tendresse, elle tâcha de se persuader que ce chant d'amour s'adressait à elle. Elle songea (ce fut une pensée tout amère), qu'elle n'avait pas reçu un seul mot de Landon après en avoir été abandonnée si cruellement et que jamais le duc ne lui avait parlé si tendrement. Elle fut encore bien plus mortifiée : Wann-Chlore reçut une lettre tous les jours et Landon l'instruisait de ses moindres démarches, tandis que, pendant l'année de bonheur passée avec lui, il avait souvent gardé le silence sur ses occupations. Chaque événement amenait un contraste, et le contraste excitait les pensées les plus cruelles pour Eugénie. Néanmoins, la duchesse trouva quelque plaisir à suivre ainsi Horace dans les détails les plus minutieux de sa vie, et elle remercia le Dieu qui mesure le vent à la brebis nouvellement tondue. Elle avait des peines, mais elle cueillait aussi çà et là quelques fleurs. Elle finit même, malgré son horrible jalousie, à écouter avec un calme apparent les discours par lesquels Chlora lui peignait son amour: elle parlait pour toutes deux; et, ces paroles enfin s'appliquant à *lui*, elle les endurait. Elle était si bien façonnée à la douleur depuis sa jeunesse!.. Sa rivale avait les soins d'une mère pour Eugène, elle pleurait même sur le sort de la prétendue Joséphine... comment Eugénie aurait-elle pu ne pas lui pardonner d'être la plus heureuse?..

Rosalie réussit à avoir un appartement dans la maison voisine. Elle y vint, et il y eut alors une reconnaissance mémorable entre elle et le maréchal des logis.

Quand Nikel aperçut sa femme, il s'écria : « Je me doutais bien que mon chef de file ne tarderait pas à se montrer.

— Tu m'as joué d'un tour, répondit Rosalie en le regardant d'un air moitié fâché, moitié joyeux; mais viens chez moi, nous avons à causer...

— Long-temps, mon général ? répliqua plaisamment le chasseur.

— Autant que cela me plaira, coureur!.. dit-elle.

Rosalie et Nikel s'expliquèrent, reconnurent qu'ils en savaient autant l'un que l'autre sur le compte de leurs maîtres; et, animés du même devouement, ils ne firent qu'une même âme, mais l'un pour Monsieur, l'autre pour Madame.

Un mois se passa de la sorte. Wann-Chlore s'occupait d'Eugénie avec cette fausse activité de ces gens qui, dévorés de chagrin, pensent se tromper eux-mêmes et donner le change à leur âme en essayant de se distraire par de vains travaux. Sa peine était aussi vive qu'au moment du départ de Landon : « Il avait dit quinze jours !.. et voici un grand mois ! » disait-elle à Eugénie avec une peine profonde,

CHAPITRE XIX.

On était au milieu du mois de mars; il faisait froid; le temps était triste; la neige couvrait les toits; et, dans la maison de Chlora, on aurait pu, sans le facteur de la poste, se croire au bout du monde. Un matin, les deux épouses, assises au coin du feu, dans le salon, travaillaient après leur déjeuner. Eugénie jouait à leurs pieds; Chlora regardait la pendule, ainsi qu'Eugénie, car l'heure de recevoir la lettre arrivait. Nelly entre et présente la lettre: Wann-Chlore l'ouvre, y jette les yeux, la feuille lui tombe des mains, elle s'écrie : « Il vient aujourd'hui! pour dîner!.. ma chère, il vient, Joséphine! ma jolie... Qu'avez-vous, vous changez?..

— C'est vous qui m'avez fait peur! votre exclamation... Je n'ai su...» Eugénie reprit courage, l'instant fatal approchait.

— Il arrive, vous dis-je! sentez-vous ma joie?..

— M. le duc sera sans doute aussi heureux que vous?

— Pauvre enfant! son malheur lui tourne la tête... Peut-être avez-vous eu une semblable scène avec votre cher Leduc!.. Ah! non pas une fois, mille. Mais je vous demande pardon, ma jolie, ce n'est pas votre Leduc qui arrive, c'est bien mon Horace...

Eugénie frémit de son imprudence. Quel mouvement elles répandirent toutes deux dans la maison ? avec quelle activité elles donnèrent à tout un air de fête? Chlora voulut, à prix d'or, avoir des fleurs : il ne devait pas se trouver un flocon de neige dans la cour. Wann-Chlore ne s'aperçut pas d'abord qu'Eugénie était plus ingénieuse qu'elle, que son activité était peut-être plus grande. Elle se crut bien secondée, elle s'en applaudit, sans en être étonnée. N'avait-elle pas dit à Eugénie, un moment avant de recevoir cette lettre : « Jophine, vous êtes vraiment ma sœur !.. »

La pauvre duchesse aida sa rivale à quitter son deuil et à faire une brillante toilette, quoique simple. Aider sa rivale à paraître plus belle !.. Eugénie avait une âme trop élevée pour souffrir de cette atteinte. Il y a des douleurs pour toutes les âmes. Après avoir habillé Wann-Chlore, Eugénie lui dit : « Ma chère, voulez-vous que je quitte mes rubans noirs ? cela vous attristerait. »

— Je n'osais pas vous le demander, ma chère jolie... Me ferez-vous ce sacrifice ?..

— Oui, dit Eugénie avec émotion. La duchesse alla se faire habiller par Rosalie, et Dieu sait si jamais elle parut aussi jolie, aussi séduisante !.. Ce moment était solennel pour elle. Heureusement l'agitation de Chlora l'empêcha de remarquer celle de sa favorite.

Ensemble et joyeusement, elles apprêtèrent le festin, disposèrent la table et le service au milieu d'un salon secret destiné par Wann-Chlore à ces divins repas d'amour. Là, tout était simple: les porcelaines, les cristaux, les bougies, les flambeaux, les fleurs ne flattaient que les sens. Joséphine seule, élégamment vêtue, devait y pénétrer pour servir les amans. Auprès du divan sur lequel s'asseyaient les deux convives était une harpe. Wann-Chlore ne voulait-elle pas, au moindre désir de son époux chéri, le ravir par ses chants? Autour d'eux le luxe n'effrayait point les regards, et l'amour seul, simple, sans art comme sans fadeur, se montrait dans les moindres dispositions faites par les deux rivales. La journée leur parut bien longue. Eugénie eut soin de mettre son enfant sur le passage d'Horace, espérant que ce serait le premier objet qui frapperait ses regards.

On entendit bientôt le roulement d'une voiture: Rosalie était à sa fenêtre, Nikel à la porte; Eugénie, tremblante, tressaillait au moindre bruit; Wann-Chlore, agitée, courait çà et là : l'importance d'une semblable scène avait été sentie par tous ceux qui en connaissaient le secret. Chlora s'élança de son salon vers la cour, elle fut saisie à moitié chemin par Landon qui s'écriait: «Diable d'enfant! j'ai manqué de l'écraser...» Il embrassait son idole et tenait l'enfant d'une main: «Nikel!» dit-il, et Nikel, comprenant le geste, emporta Eugène. Landon ne l'avait seulement pas regardé. Il serrait Wann-Chlore dans ses bras et, sans dire un mot, il la conduisit à cette salle si bien préparée pour le recevoir. Ils s'assirent sur le divan placé devant la table, au-dessus de laquelle brillait un foyer de lumière ; et Chlora, tenant les mains de Landon dans les siennes, le contemplant avec ivresse, s'écria :

—Te voilà donc, mon chéri, te voilà pour toujours... Plus de séparation !

—Non, oh non! repondit Landon, avec l'accent du bonheur, et dans quelques jours nous partirons pour l'Écosse.

—Chéri! j'ai écrit à sir Charles et à Cécile de venir nous chercher.

—Tu as bien fait; mais ne parlons pas, laisse-moi te regarder en silence? long-temps... toujours !

Tout à coup Landon s'arrêta, comme effrayé, prêta l'oreille...—On pleure ici! dit-il.

—Es-tu fou ?.. répliqua Chlora en riant ; qui peut pleurer ici quand tu arrives? Tu rêves, mon bonheur!

—On pleure, répéta Landon.

—C'est Joséphine qui broie du sucre.

—Quelle est cette Joséphine?

—Ma femme de chambre, mon chéri, un ange que j'ai déterré, c'est-à-dire, elle est venue se présenter... Elle a l'intendance de la maison et c'est elle qui désormais nous servira : Les amans devraient tous avoir quelqu'un chargé de penser pour eux... Mais, Horace, c'est une amie.

— Et quelle est cette femme?

—Elle est jolie, veuve d'un soldat; elle a été trompée, abandonnée ; l'enfant que tu tenais est à elle... Mais, mon bien-aimé, de quoi t'occupes-tu?.. N'es-tu pas auprès de moi. Elle l'embrassa, et le regardant avec une sorte de piété : « Que je suis heureuse !.. Un mois ! monsieur, un grand mois d'absence ? As-tu le courage d'avoir faim, toi ? Veux-tu dîner ?.. » Elle sonna.

Au bout de quelques minutes Nikel apporta le potage : « Nikel, toujours Nikel !.. Où est donc madame Leduc ? » demanda Chlora en laissant échapper un petit geste d'humeur qui, au milieu de l'ivresse peinte dans toute sa contenance, ressemblait à ces nuages dorés, seuls dans le ciel, par un beau jour d'été.

— Madame Leduc s'est brûlé le doigt, elle va venir...

— Quelle est cette madame Leduc ? demanda Horace tout inquiet.

— Madame Leduc est Joséphine; Joséphine est madame Leduc! répondit-elle. Oh mon dieu, mon ange, que le bonheur te rend bête !.. Tenez, petit, dit-elle en lui présentant une cuillerée de potage sur laquelle elle souffla et qu'elle goûta, tu ne sais pas que je suis presque nourrice...» Ses gestes pétillaient de folie, comm eson parler, ses regards, son sourire.

Madame Le Duc se faisant attendre, ils se regardèrent en restant presqu'entrelacés sur leur divan, ne pouvant satisfaire leurs âmes, long-temps privées du bonheur de la vue. Silencieux et ravis ils confondaient leurs regards, et Landon serrait sur son cœur la main de Wann-Chlore, comme Wann-Chlore celle d'Horace. L'ivresse était dans leur pose, le désir dans leurs yeux, le sourire et l'amour sur leurs lèvres... une douce et sainte extase les enlevait à la terre... Eugénie entre, arrive jusqu'à la table, y pose en tremblant le mets qu'elle apportait ; tout à coup, en voyant des mains blanches, des manches de velours, Landon lève la tête, il voit *sa femme!*.. la duchesse qui, les yeux baissés, n'osait contempler son époux!.. Landon, à ce moment, s'inclina doucement en arrière, frissonna, et Wann-Chlore sentit, sous sa main, le cœur d'Horace cesser de battre par degrés. « Meurs-tu ?.. » s'écria-t-elle avec un effroi dans les regards, une contraction dans les traits, qui firent pâlir Eugénie. Cette dernière dont le trouble ne fut pas remarqué, se retira. Landon, penché sur le divan, y resta sans mouvement et sans vie : ses yeux se fermèrent et Wann-Chlore, immobile, la main sur son cœur, le regarda d'un œil sec et le visage étincelant comme une grenade nouvellement éclose... Elle respirait à peine, et sans jeter un cri, elle semblait vouloir, par la force de son regard, le rappeler à la vie. Bientôt elle entendit le cœur reprendre ses pulsations un moment affaiblies, elle tressaillit, et, muette, attentive comme une mère, elle respira plus librement en voyant Horace ouvrir lentement les yeux; et soudain, sans chercher ceux de Wann-Chlore, ses yeux hagards promenèrent son inquiétude dans toutes les parties de la salle pour retrouver le spectre... Son regard était celui de la folie, son geste menaçant et Wann-Chlore, effrayée, retirant sa main, l'épia avec horreur. — « Tu ne vois donc pas ta pauvre créature ?.. » dit-elle en adoucissant sa voix si douce. Landon à ces mots reprit quelqu'empire sur lui-même, il regarda Wann-Chlore, la serra dans ses bras comme un ami mourant dont on ne voudrait pas se séparer, et lui dit avec une feinte tranquillité : « Je ne sais quelle convulsion j'éprouvais au cœur... Le bonheur, mon amour, est bien près de la douleur !.. » Chlora le regardait toujours avec anxiété, mais son inquiétude cessa à mesure que Landon retrouva du calme.

— Comment te sens-tu ?

— Tout-à-fait bien, mon... Il s'arrêta... Eugénie était là comme une ombre menaçante ; elle pouvait entendre.

— Eh bien?.. dit Chlora.

— Je suis mieux, mon ange. » Ce dernier mot fut prononcé tout bas. Enfin, il revint tout-à-fait à lui en réfléchissant qu'Eugénie ne pouvait avoir l'intention de le perdre, et alors son visage contracta l'expression d'une fausse gaieté, car l'épée de Damoclès était suspendue au plafond; mais Chlora redevint trop joyeuse pour s'apercevoir de l'affectation des manières de Landon.

Eugénie reparut pour les servir; elle ne leva pas les yeux sur Horace, elle en était incapable : si son regard avait rencontré celui de son mari, elle serait morte. Landon l'examinait avec inquiétude, et quand

Eugénie était là, le silence régnait.

—Comme tu regardes Joséphine? dit Wann-Chlore.

—C'est qu'elle est fort jolie! répondit-il.

La duchesse tressaillit, elle entendait cette voix céleste. L'heure des supplices avait sonné pour les deux époux : l'apparition d'Eugénie fut semblable au coup de foudre sur la meule que le laboureur a rangée avec avarice; elle consume tout en une seconde. La tremblante duchesse épia un moment où Landon ne la voyait pas et le contempla. Elle frémit des angoisses qu'il devait éprouver, et le plaignit. Elle sentit aussi son amour croître et grandir et d'invincibles désirs gonfler son cœur. Puis, en les voyant unis, une pensée involontaire mais rapide comme un

éclair, passa dans son âme : — « Si
Wann-Chlore mourait?.. Si *je la tuais!*
Elle se hâta de sortir; un frisson glacial
était arrivé à son cœur; la réflexion
vint bientôt : « Si elle mourait, ne mou-
rait-il pas aussi?.. *lui!* Non, non, se
dit-elle, j'ai tout le bonheur que je puis
avoir!.. et quel bonheur!» Elle pleura.

Landon, tout brûlant et en proie
à une fièvre horrible, se réfugia
avec Wann-Chlore dans cette chambre sacrée, douce patrie de son bonheur : là, il se trouva en sûreté, il ne
voyait plus Eugénie. Les caresses de
Chlora, dont un simple mouvement
de tête était pour lui le signal du
plaisir, le transportèrent, loin de toutes ces pensées, dans un cercle étouf-
fant de joie et de volupté. La fièvre
qui l'embrasait le rendit plus ardent.

—Eh, mon amour, s'écria Wann-Chlore, en riant, qu'avez-vous ?..

— Je voudrais, dit-il, consumer ma vie, ce soir même! Que mon âme s'échappe de tous mes pores, s'ensevelisse dans ton sein et s'exhale par un baiser...» Ne comprenant pas le sens de ces paroles, elle l'en remercia par un sourire. Quelles étreintes! Landon avait un pressentiment qui lui criait : « Hâte-toi ! cueille toutes les fleurs.... Ce sont les dernières que la Nuit verra éclore!» Il ressemblait à un homme qui, ayant acquis les trésors d'ici-bas, au prix de son âme connaît l'heure à laquelle le Démon viendra chercher sa proie : en présence de la mort, il voudrait rassembler les mille jouissances de la terre et les ressentir d'un seul trait, en un seul battement de cœur.

Le lendemain, Chlora s'échappant de cette chambre, après avoir embrassé son mari, le réveilla en lui apportant *son fils.*

— Tiens, mon ange, lui dit-elle, peut-on voir une plus jolie petite créature?.. Je suis jalouse de Joséphine : est-elle heureuse d'avoir un si bel enfant! » Elle avait mis l'enfant sur le lit, et Eugène, comme par instinct, tendit les bras à son père. C'était son fils ! et cependant les caresses qu'il lui prodigua étaient mêlées d'effroi !

Cette souffrance horrible qui tarissait jusqu'aux joies de la paternité, décida le sort de Landon. Au milieu de la journée, quoiqu'Eugénie respectât la douleur de son mari, au point de ne pas se montrer à lui; Horace dit à Nikel de ne laisser monter personne dans la chambre où il se rendit; mais la duchesse qui épiait tous ses mouvemens, l'y suivit. Elle connaissait assez l'âme d'Horace pour deviner ses desseins. Elle demanda à entrer, il refusa; elle l'ordonna d'un ton impérieux, il serra ses armes et lui ouvrit. Eugénie s'approcha lentement de lui et pendant le silence qui régna un moment, elle le contempla avec une morne douleur.

—Eugénie, dit-il, mon cœur m'en dira mille fois plus que tous vos reproches... Votre seule présence est épouvantable pour moi...

— Épouvantable? répéta Eugénie.

— Oui, je sais que je vous ai ravi

votre repos, votre bonheur, votre jeunesse... Ah, Eugénie !

— Monsieur, dit la duchesse avec calme, mais en éprouvant des sensations que son discours laisse concevoir, je ne suis plus *Eugénie* pour vous, je ne suis même plus votre femme, regardez-moi comme morte........ morte, entendez-vous ? Vous vouliez vous tuer ?.. » Il fit un geste de dénégation, elle montra l'endroit où il avait caché les pistolets. — « Est-ce du fond de votre cercueil que vous nous direz adieu ?.. Vivez, je le veux, votre vie est à moi...... Vous resterez l'époux de Wann-Chlore, dit-elle en élevant la voix ; Eugénie peut-elle oser vouloir balancer dans votre âme une si belle créature,.... Eugénie vous donnâtelle jamais, en jetant tout son cœur dans le vôtre, un seul des plaisirs enivrans que vous cause l'aspect de Wann-Chlore?... Elle est digne de votre amour, je ne suis rien, rien pour vous, dit-elle avec un accent de rage, mais vous m'accorderez j'espère, pour toute grâce, de vivre à l'ombre de votre bonheur, de me consumer en silence; j'ai assez de force dans l'âme pour mourir ainsi.... Je vous *génerai* peut-être.... Ne vous contraignez pas, donnez carrière à votre amour... cela me tuera plutôt! Vous n'aurez pas la barbarie de repousser votre enfant de votre sein paternel, c'est votre aîné, votre héritier.... Vous serez on père!... » A ces mots elle alla chercher les pistolets et les garda.

«Quant à cette lettre, dit-elle, que vous écriviez, déchirons-la. » Elle la déchira. «Retournez auprès de Wann-Chlore? Rendez-la heureuse, et... si l'on pleure dans la chambre voisine, ne vous en inquiétez pas. Aujourdhui, Monsieur, je réclame de vous le douaire dont je vous parlais dans la lettre que je vous écrivis avant notre mariage : si vous retrouviez Chlora, disais-je, je serais votre amie...»Elle pleura à chaudes larmes et tomba sur une chaise; Landon se précipitant à ses pieds essaya de lui prendre la main; mais elle se leva brusquement, et, retirant sa main : « Monsieur, lui dit-elle, vous n'êtes plus mon époux ! une caresse de vous est une cruauté !.. Je vous aime pour moi, comme le soleil qu'on voit sans pouvoir l'atteindre. Je suis morte :

je n'ai plus de mère, plus de grand'-
mère, plus de fils, plus d'époux, je n'ai
personne au monde !.. J'y suis seule, j'y
vivrai donc de *ce moi* qui me reste. Je
serai égoïste pour mon amour comme
un centenaire pour sa vie. Sachez donc
que, maîtresse de vous deux par ma
conduite et mes droits, j'entends
rester ici...

Elle était debout et dans une attitude imposante. Horace, écrasé par
une grandeur d'âme aussi extraordinaire, n'osait lever les yeux. La duchesse n'avait seulement pas rappelé
le serment fait à la face du ciel et de la
terre, par lequel Horace avait juré de la
protéger. Jugeant que tous les mots
humains ne signifiaient rien, Landon
ne jeta qu'un regard sur Eugénie, et ce
regard la perdit, la majesté de son atti-

tude disparut, elle lui dit en pleurant :
« Horace, te servir comme une esclave,
te rendre les soins d'un domestique fidèle sera un bonheur... Est-ce que,
mort, je ne vivrais pas avec ton portrait ? j'aime encore mieux te voir !..
et... si tu as pitié de moi ?.. quand
Chlora ne nous verra pas, soutiens
mon courage par un regard d'ami...»

— Quelle affreuse situation !.. car
je t'aime, Eugénie...

— Oui, dit-elle, mais je connais quel
est cet amour ?.. « Ecoutez, reprit-elle
après un moment de silence; telle
bizarre et terrible que soit notre position, il n'en est aucune, fût-ce celle
de voir la hache du bourreau sans
cesse prête à tomber sur notre cou,
à laquelle l'homme ne puisse s'habituer. Horace; les plus dures angois-

ses de la nôtre sont épuisées en ce moment... Tu ne t'accoutumeras que trop à celle-ci... et ce n'est pas toi qu'il faut plaindre!..»

Il était anéanti, surtout quand elle ajouta : —«Si vous voulez aller en Écosse, partez; mais laissez-moi vous suivre... Je vous le conseille même, il faut nous mettre à l'abri des lois.» Landon frissonna. «Mais croyez-moi, continua-t-elle, ne conservez aucun intérêt en France et vendez tous vos biens. Il y a une dernière chose que j'exige : c'est que mon enfant soit considéré par vous comme votre héritier présomptif?»

Landon la regarda et dit «oui!» Alors Eugénie s'enfuit, tout étonnée d'avoir eu tant de courage. Horace abandonna cette chambre dont il avait décrété de ne pas sortir et il revint auprès de Wann-Chlore. Eugénie avait brillé d'un si grand éclat, qu'il fut tout surpris de regarder Wann-Chlore avec moins de plaisir, mais son sourire quand elle retourna lentement sa tête pour le voir, réveilla l'amour dans son cœur.

Wann-Chlore possédait à un trop haut degré le sens exquis de l'amour, pour ne pas apercevoir les plus légères teintes d'inquiétude qui pouvaient altérer la pureté du front de Landon ; ce front était une glace pour elle : ne s'y mirait-elle pas ? Alors la vague préoccupation que cet événement donnait à Horace ne lui échappa point : sans la lui reprocher, elle chercha à la dissiper, elle y parvint. Elle en demande la cause, Horace l'attribua à ses affaires « qui, dit-il, s'étaient compliquées; il avait une terre à vendre en Bourgogne; sa démission n'était pas encore acceptée.»

Chlora prit sa harpe; et, sous ses doigts savans naquit une mélodie bouffonne où parfois le sentiment combattait la gaieté. Eugénie était dans le salon voisin, elle entendit cette délicieuse harmonie. — « Que suis-je, se dit-elle, auprès de cette sirène... Quels charmes pourraient avoir les accords de mon piano ?..... Elle pleura. Chlora chanta et ce chant respirait l'amour.

— « Il l'écoute, il l'admire!.. » pensait la duchesse. La douleur d'Eugénie fut de tous les instans, et plus elle souffrait, plus elle se sentait dominée par une sauvage énergie. Sa santé même ne fut pas altérée de ces secousses si profondes, elle resta dans toute sa fraîcheur. Ne fallait-il pas qu'elle opposât son genre de beauté à celui de Wann-Chlore ? Elle se savait dans une situation supérieure à celle de sa rivale, et cherchait à briller d'un vif éclat par la parure. La coquetterie dont la femme la plus aimante ne peut secouer le joug, lui faisait comprendre que plus elle s'abaisserait et souffrirait, plus elle deviendrait attrayante aux yeux de leur commun époux. Wann-Chlore prodiguait les plaisirs à pleines mains, mais elle avait aussi un charme bien plus puissant, celui du malheur... enfin, elle tenait éloignée la coupe du plaisir, que sa rivale épuisait : n'était-ce pas exciter le désir ?..

Alors, sans faire tous ces raisonnemens, la pauvre Eugénie espérait reconquérir Landon. Elle se trompait; car elle s'abusait précisément assez pour ne pas voir que le mouvement des boucles de la chevelure ou des fleurs de la robe de Wann-Chlore, le touchait plus que le sourire et les pas de son enfant. Il en était toujours avec elle au premier baiser, aux paroles balbutiées, aux premiers embrassemens où l'on croit mourir.

Bientôt, les souffrances de Landon s'accrurent et le rendirent plus malheureux qu'Eugénie : en effet, la grandeur et la sensibilité de son âme lui firent partager toutes les douleurs d'Eugénie. Il n'osait rester quand la prétendue Joséphine entrait pour faire la chambre nuptiale; pouvait-il soutenir son regard, lorsqu'elle rétablissait avec Chlora l'ordre de cette couche où l'amour et ses folles joies se trahissaient par une confusion cruelle pour la duchesse. Cette abnégation perpétuelle qu'elle fesait d'elle-même, arrachait souvent des larmes à Landon, et souvent aussi il se surprenait dans de sombres pensées. Pouvait-il pas être heureux avec un remords éternel et l'appréhension d'une catastrophe. Les animaux sentent l'orage, l'homme ne peut-il pas sentir la prochaine infortune du cœur, surtout quand elle doit tarir les sources de la vie. Aussi, Landon devint de jour en jour plus inquiet, plus craintif, et Chlora partagea tous les sentimens de Landon, involontairement et sans les analyser.

Elle reçut une réponse de lady Cécile C.... Sa cousine lui annonçait qu'elle viendrait avec son mari et son père, au mois de mai; que sir Charles C... leur cherchait une terre voisine de la leur, selon sa demande. Landon fut enchanté d'apprendre ces nouvelles; il lui tardait d'aller en Ecosse. Alors, Wann-Chlore, s'apercevant enfin de la gêne de leurs cœurs, essaya de tourmenter Landon, de le fâcher, de le sortir de sa mélancolie par des émotions fortes. Elle voulut l'égayer, mais elle n'y réussit pas; et sa joie ne lui parut plus aussi pure, aussi vive. Wann-Chlore finit par voir que Landon était en proie à une cruelle apathie, elle l'attribua à la vie sédentaire qu'il menait et se reprocha de le tenir ainsi dans la solitude. Eugénie voyait tout, et le chagrin de Chlore la rendit triomphante, son espérance grandit. Un mois se passa de la sorte. Au milieu de ce brillant festin, une main invisible avait tracé les mots funèbres, écrits jadis sur les murs de Babylone, et les trois convives les regardaient avec stupeur, n'en comprenant pas tout le sens, mais inquiets du mystère...

CHAPITRE XX.

Un matin, en l'absence de Landon, Wann-Chlore travaillant avec Eugénie, lui fit part des vagues inquiétudes dont son esprit était rempli.

—Ah, ma pauvre Joséphine, lui dit-elle, je suis en proie à un doute mille fois plus cruel que la vérité! Horace a quelque chose dans l'âme, et me cache son chagrin. Je suis bien certaine de son amour! oh oui!.. car souvent je le regarde à la dérobée et je m'aperçois qu'il m'étudie avec une complaisance charmante. Quand je lui fais de la musique, que je le berce de mes chants, ce concert n'est que l'accompagnement de cette éternelle mélodie : « *Chlora, je t'aime !...* » Ses regards me le disent, mais le feu de ses yeux est couvert d'un nuage, et ce n'est certes pas ce voile de lumière qui se forme lorsqu'une chaleur est trop forte ? non, c'est un chagrin... un combat... Cette nuit j'ai entendu, ou cru entendre des mots qui m'ont fait frémir.... »

Eugénie répondit de l'air dont on berce les enfans « Ce n'est rien, ma chère... » et ses yeux brillèrent de joie.

Chlora lut dans les yeux d'Eugénie, le ton de cette réponse l'émut ; ce fut un éclair, mais l'un de ces éclairs qui annoncent l'incendie. Elle examina Joséphine, s'aperçut pour la première fois qu'elle n'avait que dix-huit ans, qu'elle était d'une beauté ravissante ; et, se regardant avec elle dans la glace comme pour mieux comparer leurs beautés contrastantes, elle eut une idée affreuse pour elle, c'était : *qu'on pouvait aimer Joséphine.* En une minute Chlora devint jalouse. Elle quitta le salon, se réfugia dans sa chambre pour mettre ses idées en ordre : elles abondaient et se multipliaient tellement que c'est ainsi qu'elle conçut la folie.

Alors sans ordre, sans liaison, les pensées suivantes se présentèrent à son imagination frappée. « Ne serait-ce pas la première sensation de l'amour qui l'aurait fait trouver mal en voyant Joséphine, le jour qu'il revint? Il ne l'a jamais regardée avec indifférence, et depuis ce jour-là son chagrin n'a fait que croître! Presque toujours, il court au-devant d'elle chercher les mets qu'elle apporte... pour lui en éviter la peine... Sans doute... oh non! c'était pour que nous fussions seuls... non... — Comme les yeux de Joséphine brillaient de joie?.. Elle l'aime peut-être sans le savoir?... Oh non, elle a déjà aimé... Elle est mise avec une recherche, elle a des parures divines... Où les prend-elle?... Elle est toujours habillée comme si elle avait une femme de chambre, et ses toilettes sont trop élégantes pour ne pas venir de Paris... Quelle est donc là cette femme?... Elle est plus jeune que moi, elle a des manières de princesse, etc., etc.

En une heure elle parcourut un espace immense et s'avança dans la passion de la jalousie, comme jadis dans la belle carrière de l'amour. Landon entra : elle l'épia avec une inquiétude, un soin de mère ; elle regardait ses mouvemens, ses gestes, comme s'il eût tenu le fil de sa vie, et c'était exactement cela...

A cet instant, Landon, ne s'apercevant pas de l'effroi de sa bien-aimée, lui demanda : « Pourquoi Joséphine n'est-elle pas avec toi ?...

Chlora tressaillit : — « Notre chambre n'est-elle pas sacrée ? répondit-elle.

— Ne la fait-t-elle pas avec toi ?

— Oui ; mais elle en sort et n'y rentre plus. » Il y avait de sécheresse de part et d'autre, et cependant tout était naturel. Chlora épouvantée de ces questions qui lui auraient paru toutes simples la veille, vint se mettre à genoux devant Horace, il lui sourit (souvent elle prenait cette attitude en se jouant.) — « Horace, dis-moi que tu m'aimes, toujours.

— Folle! répondit Landon, ce sera pour la millionième fois.

— Eh bien, je le veux! répète-moi que tu m'aimes comme au premier jour.

— Mieux! » dit-il avec l'accent du cœur. Elle s'assit sur ses genoux, s'enchaîna à son cou; et, regardant ses yeux — « Que penses-tu de Joséphine?.... Il rougit; elle remarqua cette subite rougeur et trembla.

— « Que veux-tu que je dise?... Elle est jolie, elle est bonne.... Landon était embarrassé.

— « Sais-tu, reprit-elle, que je vois les taches du soleil?

— « Il y en a répondit-il.

Elle quitta ses genoux, se leva, le regarda. « Que me dis-tu?

— « Qu'il y a des taches au soleil! s'écria-t-il en éclatant de rire, et que tu es folle ce matin... »

—Oui, Horace, oui, traite-moi de folle... Elle se mit à pleurer. Landon la prit dans ses bras et la conjura de lui apprendre le sujet de ses pleurs : elle en était honteuse; cependant elle lui avoua qu'elle doutait de son amour. Horace éclata de rire de si bon cœur et la rassura si bien qu'elle rougit de ses soupçons : mais l'heure de la souffrance avait sonné pour elle.

Le lendemain, cette douce et belle créature travaillant avec Eugénie lui dit : « Croyez-vous, ma petite, que j'ai été assez sotte hier pour vous croire amoureuse de mon Horace. »

Eugénie devint rouge, tremblante, et son cœur palpitait avec une telle force que Chlora l'entendit battre.

— Qui est-ce qui a pu vous faire croire cela?.. répondit-elle.

— Rien, dit Wann-Chlore. Cette fois, la rougeur et la surprise d'Eugénie la convainquirent de la présence du danger.—« S'il ne l'aime pas, se dit-elle, elle l'aime! » Cependant une accusation aussi grave aux yeux de Chlora ne pouvait pas s'établir sur de si faibles indices; elle pouvait être convaincue, mais elle voulait des preuves.

Elle les épia l'un et l'autre avec un soin cruel: les regards, les discours, tout eut une autre signification pour elle. Un tourment perpétuel emprisonna les paroles les plus tendres de Landon et ses baisers et ses caresses.

Elle se surprit à regarder Eugénie avec une expression de haine. L'égoïsme de l'amour se développa chez elle avec une force singulière : elle usa de mille détours, de mille soins pour faire rentrer Eugénie dans un pur état de domesticité ; elle la bannit du salon, sous prétexte qu'elle pouvait entendre les discours de Landon. Eugénie obéit avec joie et passivement ; elle croyait que Chlora ne devenait pas jalouse sans raison. Bientôt Wann-Chlore s'abstint de tous les noms d'amitié qu'elle donnait jadis à Eugénie, et Eugénie, courant au devant de ses vœux, l'appela Madame : enfin, le visage de Chlora prit même une expression sévère ; Eugénie ne lui demanda aucun compte de ce changement de manières ; seulement, elle se renferma dans la stricte exécution de ses devoirs.

Un matin, elle entra et Wann-Chlore frémit en voyant la recherche et la coquetterie qui avaient présidé à la toilette d'Eugénie. — « Joséphine, lui dit-elle, vous devriez avoir un tablier pour m'aider?..

— J'en portais un le jour que je me présentai chez Madame, répondit Eugénie.

— Eh bien, reprenez-le?» La duchesse obéit et ne quitta plus le costume d'une femme de chambre, mais il était extrêmement élégant.

Ce jour-là, Chlora, en faisant le lit avec Eugénie, acquit une preuve de son malheur. Il ne restait plus à poser que les deux oreillers, et Wann Chlore laissait Joséphine les arranger : Chlora était devant la cheminée et regardait dans la glace la jeune duchesse. Celle-ci, ne croyant pas être vue, déposa un baiser sur l'oreiller de Landon. Chlora rougit et renvoya Eugénie; quand elle resta seule, elle se mit à pleurer, avec cette bonne foi de sentiment qui ne se trouve que dans l'enfance où nous avons recours aux larmes lorsqu'un autre enfant touche à des objets aimés que l'on croit inviolables. Comme elle pleurait ainsi, songeant au malheur d'avoir un rivale secrète, Nelly entra: dans le désordre où était Wann-Chlore, elle ne songea pas qu'il fallait que Nelly eût une confidence à faire bien importante pour entrer dans un endroit sacré où elle n'avait jamais pénétré.

— « Milady me pardonnera, dit

Nelly, si je viens ici, mais j'ai des choses si importantes à dire à Milady, que...

— Parlez, Nelly, parlez.

— Mais milady, c'est peut-être mal à moi de vous apprendre ce que j'ai surpris....

— Et qu'avez-vous surpris, Nelly?

— Ce que j'en fais, reprit la nourrice, c'est parce que vous êtes tout pour moi; que vous êtes ma fille; car je vous ai nourri de mon lait...

— Mais vous devenez vieille donc, ma pauvra Nelly? allons! parlez sans périphrases?

— Milady, j'ai vu Milord embrasser la main de cette petite Joséphine!...

— Es-tu bien sûre?.. s'écria Chlora en se levant d'un air menaçant.

— Bien sûre!.. Je ne l'ai pas vu

qu'une seule fois!... et, cela dit bien des choses!

— Cela, dit Nelly... Et elle lui serra fortement la main : « Cela annonce la mort!.. c'est ma mort, Nelly! » Wann-Chlore se tordit les mains. — « Je ne suis plus aimée! Non. O douleur!.. » Elle tomba sur sa chaise et y resta immobile.

— Ce n'est pas tout, Milady.

— Eh bien! qu'y a-t-il? Veux tu m'étouffer?

— Nikel, Milady, est d'intelligence avec une petite créature nommée Rosalie, qui demeure en face, et cette Rosalie lui demandait ce matin : « comment va madame la duchesse? »

— Bavardage! Nelly; il n'y a pas de duchesse ici...

— Mais ils parlaient de celle qu'on

nomme Joséphine!..» Nelly eut beau parler encore pendant long-temps, Wann-Chlore n'entendait plus. Nelly se retira.

L'infortunée fut tirée de sa méditation par la voix chérie qui résonnait si doucement pour son oreille; Landon était à ses côtés — « Qu'as-tu, mon amour? lui dit-il, tu es presque rouge.

— Et il ne m'aime pas!.. s'écria-t-elle en le voyant. Oh si, si, tu m'aimes!.. Wann-Chlore le pressa fortement sur son cœur.

— Chlora, dit Horace, j'exige que tu m'avoues ce qui te rend si sombre, si inquiète...

— Horace!.. Nelly, t'a vu embrasser la main de Joséphine!..»

Landon se mit à rire, et lui répondit avec une feinte candeur qui en imposa à Wann-Chlore : « Tu as fait de Joséphine une amie : elle est digne d'être la tienne. » « Ce n'est pas une domestique, m'as-tu dit ; c'est vrai : elle a reçu une brillante éducation ; elle a les manières, les connaissances, le ton d'une femme de bonne compagnie. Je me suis donc conduit avec elle sur ta parole ; et si je lui ai baisé la main l'autre jour, tu me verras toi-même, la lui baiser souvent ainsi ; c'est un usage de pure politesse en France : c'est même une telle marque d'indifférence que, dans les sociétés où cet usage s'est conservé, on ne reconnaît l'amant de la maîtresse de la maison, qu'au refus qu'on lui fait de cette faveur trop banale pour lui.

—Landon, répondit Chlora, abolissons cet usage ici !

— Tu serais jalouse!.. s'écria Horace avec surprise.

— A déchirer une rivale! répliqua Wann-Chlore.

— Veux-tu que je t'apprenne à tirer le pistolet? demanda Horace en riant.

— Comment tout ne se calmerait-il pas en ta présence et avec tes regards, tes paroles, ton sourire!.. dit-elle en l'embrassant; n'es-tu pas mon franc, mon loyal, mon vrai, mon tout adoré maître!

Elle joua de la harpe et déploya tout son génie; elle était en délire : « Oh, non!.. s'écria-t-elle, non, personne ne te charmera comme moi !.. je l'espère du moins!.. ajouta-t-elle en laissant son brillant instrument, et tu ne seras jamais si bien aimé!..

Tout s'était dissipé : son inquiétude, en présence de Landon, ressemblait à ces brouillards qui se forment au lever du soleil, disparaissent quand il brille et reviennent à son coucher. Horace lui frappa doucement sur l'épaule, et lui dit : « Mon amour, nous avons été bien malheureux pour avoir trop cru aux apparences?.. Fie-toi donc, je t'en prie, au cœur d'Horace, il est tout à toi.

— Cher! trop cher! dit-elle en l'embrassant, comme tout devient pur et serein avec toi!

Il avait été décrété qu'elle roulerait de chagrin en chagrin, jusqu'au jour terrible, au jour où ce serait la Mort qui la frapperait en lui disant : « Allons ! »

Ce n'était pas encore assez pour

Chlora des paroles si douces, si flatteuses prononcées avec tant d'amour par Landon; la passion qui la dominait est la seule qui soit si exigeante: Wann-Chlore pensa donc à renvoyer Eugénie. Quelques jours après, elle eut soin de se trouver avec elle au salon, seule.

— Ma chère enfant, lui dit-elle après plusieurs propos insignifians, toutes réflexions faites, nous ne vous emmènerons pas en Ecosse, cela vous ferait quitter votre patrie.

— Je la quitterai volontiers, madame: j'ai déjà eu l'honneur de vous le dire lors que j'entrai à votre service.

— Mais cela ne se peut plus aujourd'hui : écoutez Joséphine: Vous aimez monsieur Landon!.. et, il n'est pas convenable que vous restiez avec nous. Je suis franche, voilà le véritable motif de ma décision.

Eugénie sentant ses larmes couler, ne put que répondre : « Ah, madame!... »

— Voyons, s'écria Wann-Chlore, dites la vérité? L'aimez-vous?

— Oui, je l'aime répondit Eugénie avec chaleur et en pleurant; oui!

—Eh bien, ma chère Joséphine, vous voyez bien qu'il est important pour vous de nous quitter, car vous savez comme je l'aime?.. Vous seriez malheureuse!... et, votre intention n'est pas de... Elle s'arrêta en regardant Eugénie.

— Eh quoi, s'écria la Comtesse, j'ai demandé si peu, va-t-on me le retirer?... Qu'on me laisse mourir en paix!... Oui, Madame je l'aime; autant que vous!... — Je sais que vous l'avez adoré la première; aussi, me résigné-je?... mais comment vous!.. qui êtes si belle, si bonne, si grande, généreuse, aimante!.. vous possédez tout enfin... vous êtes riche, vous jouissez... eh bien, comment avez-vous eu l'idée de priver une malheureuse créature de son seul plaisir, de son seul bien?.... Mais les grands n'ont pas le droit d'empêcher les indigens de regarder le soleil? Que vous ai-je fait? Croyez-vous que je puisse vous enlever son cœur? Comparez-vous à moi et jugez... Vous cueillez à pleine main, et vous me défendriez de m'asseoir à la porte de votre palais?... non, vous ne le ferez pas; car vous savez bien qu'un de vos regards détruit toute impression des autres yeux, il est tout cœur pour vous... Vous voulez donc me tuer! c'est me tuer Madame?. Prenez plutôt une arme et enfoncez-la dans mon cœur! Otez à une pauvre créature comme moi sa vie!.. et vous vous croyez bonne! Oh! que suis-je donc moi?... car vous ne me connaissez pas... fasse le ciel que vous restiez toujours dans cette ignorance!... et je prends le ciel à témoin que jamais je ne troublerai volontairement votre bonheur!.. Ayez pour moi la même bonté : soyez grande, généreuse, seulement comme moi... Enfin j'ai un enfant... ne tuez pas sa mère?..

Wann-Chlore resta stupéfaite à ce torrent de prières prononcées de l'aclent le plus touchant, le plus suppliant du monde.

— Pauvre enfant!.. s'écria-t-elle, je frémis... Oui, je suis bonne.... mais comment comptez-vous supporter un tel spectacle?.. je vous donne la mort.

— Ceci, dit Eugénie avec un sombre courage, est mon affaire! Vous n'aurez pas à mesurer l'eau de mes pleurs! et je vous jure que jamais je n'attenterai à votre bien... Il est sacré pour moi... si, ajouta-t-elle, vous me laissez, ici, avec vous...

— Je suis confondue, répondit Chlore, vous parlez comme si vous pouviez détruire mon bonheur...

— Ah, Madame! répliqua Eugénie avec vivacité; je n'ai pas dit cela!

Chlore mit ses deux mains devant son front et dit. « Il me vient trop de pensées, elles m'étouffent! Cessons cet entretien, il me tue. Nous le reprendrons une autre fois. » Eugénie sortit, elle était suffoquée.

Wann-Chlore, restée seule, frémit en pensant au feu, à l'énergie, à l'amour déployés par Eugénie dans cette scène si cruelle pour elles deux.

— « Cette fille-là, se dit-elle, finira tôt ou tard par être aimée... Je perdrai Horace. » Elle tomba dans une mélancolie profonde et y resta plongée assez long-temps.

Dès-lors, une sourde et profonde terreur règne dans l'âme de Wann-Chlore, comme elle régnait dans l'âme d'Eugénie et de Landon, et ces trois êtres dont les sentimens étaient si purs, si généreux, commencèrent à ressentir les malheurs d'une situation aussi féconde en tortures. Leurs gestes, leurs regards, leurs moindres paroles, tout fut empreint de l'amertume des poisons que le crime de Landon avait amassés, et ce fut alors que le duc remarquant l'affreuse anxiété qui régnait dans leur existence, voulut tout déclarer à Wann-Chlore.

Wann-Chlore parla la première. Toujours dominée par une jalousie qui fesait taire sa bonté, sa grandeur d'âme, elle avait calculé qu'Horace seul pouvait renvoyer Eugénie.

Un matin donc, Chlore, après toutes les caresses dont elle accablait Landon, toutes les fois qu'elle voulait obtenir quelque chose, lui dit : « Horace, j'ai une grâce à te demander...

— Je m'en doutais ! répondit-il en riant; si toute fois je puis vous accorder des grâces, moi, votre humble esclave!

— Méchant! comme il se moque! Allons, écoutez-moi et ne badinez pas, c'est la chose la plus sérieuse qui se soit jamais agitée entre nous deux.

Il se mit à genoux et, badinant avec une croix noire que Wann portait toujours depuis qu'elle fut le sujet d'une scène divine, il la regarda avec attention.

— Mon ami, Joséphine t'aime...

— Toujours Joséphine, s'écria Landon en lui lançant un regard où la terreur étouffait tout amour.

— Terrible! dit Wann-Chlore. Mais, reprit-elle, je ne veux pas compromettre mon amour!.. Elle t'aime, te dis-je, je le sais.

— Comment ?

—Elle me l'a avoué.

— Eh bien ?

— Elle m'a supplié de la laisser ici, j'y ai consenti ; mais elle me tue avec son amour ! Use donc de ton autorité de maître, congédie-la?.. que demain je ne la voie plus ici, ou je meurs de chagrin...

— La renvoyer !.. s'écria Landon épouvanté ; mais, ma chère fleur, Joséphine n'est pas une domestique, et sa fortune...

—Nous lui donnerons tout l'or qu'elle voudra!. Qu'elle prenne toute ta fortune!.. tout ; mais qu'elle me laisse respirer ton air en liberté ! que je puisse te voir à mon aise ! Elle m'assassine avec son amour. Elle t'adore... j'ai peur d'elle! elle m'effraye...

Landon fronça les sourcils et plissa son front. Chlore ne lui connaissait pas cette terrible expression : elle resta immobile, le regarda fixement et attendit avec une horrible anxiété.

— Ma chère vie, dit-il en adoucissant graduellement les sons terribles de sa voix, mon ange, Joséphine doit rester avec nous, toujours!... Tu es par trop jalouse?... et, cependant tu as tout mon amour... oui, tout! Deux larmes sillonnèrent ses joues : «Eugénie restera !.. ajouta-t-il d'un air sombre.

— Que dis-tu?

— Joséphine restera! répéta-t-il en rougissant.

— Tu l'aimes! s'écria Wann-Chlore, elle tomba comme morte.

A cette vue, Landon se sentit défaillir: il appela Eugénie, et, ensemble, ils aidèrent l'infortunée à reprendre ses sens. Elle jeta un cri en voyant la duchesse et fit un geste de main pour demander son bannissement. Eugénie obéit.

Les attentions, les soins de Landon ne purent calmer les impatiences et les maux que Wann-Chlore endura depuis ce moment. Eugénie ne se montra plus à ses regards. Jamais Chlore ne fut plus douce, plus aimante, plus soumise; se résignant à son malheur elle redoubla d'amour pour Horace : elle semblait prévoir qu'on le lui arracherait; et, elle s'attachait à lui comme un naufragé à une branche. Elle ne le laissa plus sortir un instant de cette chambre où elle l'enchanta par ses discours et son

son chant; puis, comme une magicienne, elle prit mille formes : tour à tour gaie, folâtre, mutine, exigeante, capricieuse, souveraine, humble, elle essayait de toutes les séductions, de tous les sentimens, rassemblait toutes les perfections; et après avoir épuisé les ressources de son divin caractère: —«Penses-tu à Joséphine,» lui demandait-elle avec la timide soumission de l'amour?

Landon lui prouva par sa constance et son ivresse que son cœur avait peine à soutenir l'éclat d'un tel bonheur. Alors Wann-Chlore, heureuse, et s'étourdissant de sa propre activité, déploya de nouveaux charmes, inventa de nouveaux plaisirs... Elle eût rassasié Landon, si le véritable amour connaissait la satiété. Enfin la jalouse créature n'avait d'autre ambition que de ne pas laisser à son bien-aimé le temps de penser à Eugénie. Cette longue ivresse fut le chant du cygne.

CHAPITRE XXI.

Après cette semaine, passée au milieu de ce voluptueux enivrement (car Wann-Chlore semblait vouloir étourdir son époux à force d'amour), un soir, Chlora, Eugénie et Landon se trouvèrent réunis pour la première fois depuis le jour où le Malheur se mit entr'eux. Ils étaient tous les trois dans le salon assis devant le feu. Wann-Chlore avait retrouvé sa tranquillité; sa belle figure était calme.

Comme sa conduite, ses discours, ses manières, ses longues extases, et même les talens extraordinaires qu'elle déploya sur la harpe pendant les huit jours qui s'étaient écoulés, avaient autant participé de l'amour que de la folie, Landon admirait en silence la paix qui régnait dans cette âme de feu agitée si violemment naguère par l'amour et la jalousie. Eugénie avait su par Landon l'état d'irritation dans lequel la syrène avait vécu : et alors la duchesse était décidée à ne plus habiter la maison de Wann-Chlore. Landon et Eugénie se jetèrent un regard d'intelligence pour se féliciter du changement qui s'était opéré si promptement dans son cœur : en effet, Chlora voyait Eugénie sans frémir. Le malheur voulut que ce regard fût surpris par Chlora.

Elle se leva brusquement et dit à

Eugénie : « Démon, tu veux ma mort ! »

A cet accent rauque, Eugénie frissonna ; et se levant à son tour, elle répondit d'une voix douce : « Madame, je ne sais si ce sacrifice n'avancera pas, pour moi, le terme fatal déjà si rapproché !.. Oui, dit-elle à Landon en se retournant vers lui à un geste qu'il fit, je ferai cette dernière offrande au bonheur de mon bien-aimé. Oui, madame, mais écoutez-moi bien ?.. Je vais quitter votre maison ; oui, je l'abandonne !.. vous ne me verrez plus, et... votre votre bonheur restera pur... »

Wann-Chlore tomba aux genoux de Joséphine ; et, l'interrompant, elle dit, comme en délire : « Tu es un dieu sous la forme d'une femme !..

— Oh! vous ne savez pas tout!.. reprit Eugénie en faisant un geste de main pour lui imposer silence; mais, si je vous laisse en paix, vous ne me contrarierez plus. Ainsi, en quelque lieu que vous alliez, vous me souffrirez dans le voisinage, moi et mon fils... Vous ne nous refuserez pas la vue de notre Soleil... Non... Écoutez? je serai comme une âme... j'errerai autour de votre palais, épiant, guettant Horace à son passage. Vous ne me verrez pas... Je ne serai jamais importune à vos plaisirs. Laissez-moi la condition de ces figures que nous voyons dans le feu; elle paraissent et soudain s'éclipsent... Suis-je exigeante?..

— Joséphine, répondit Wann-Chlore en sanglotant, tu vaux mieux que moi! mais aussi tu n'as pas goûté le bonheur que ce cher être...

— Oh! dit Eugénie.

— Tu es un dieu sauveur!.. veux-tu l'être tout-à-fait?.. « Elle se leva brusquement. » Pars ce soir, car j'ai peur que l'enfer ne souffle sur ma fleur et ne la ternisse!.. mon bonheur s'envolera! la mort nous guette peut-être?.. que sais-je?.. Accomplis ton dessein avec courage et tu seras sublime! mille fois plus grande, plus belle que Wann-Chlore!.. — Pars, pars!.. s'écria-t-elle avec une nouvelle force; et ce mot, dans cette circonstance, avait quelque chose de féroce. Eugénie regardait Landon à travers ses larmes, et la malheureuse ne voyait plus rien.

— Pourquoi donc partirait-elle?..

s'écria une femme qui ouvrit les portes du salon et s'avança jusqu'à ce groupe de douleur.

Ce cri répandit l'épouvante.

— Oh! voici un spectre que j'ai vu cette nuit! dit Wann-Chlore en tombant sur son divan. Eugénie était stupéfaite, Landon immobile.

Madame d'Arneuse, la tête haute, le visage irrité, l'œil étincelant, entrait tout à coup. Elle aimait, comme on sait, à produire de l'effet par sa présence et y réussissait peu, à cause de la prétention guindée qui détruisait toute impression favorable; mais, à ce moment, le sentiment d'une injure à venger, la gravité des circonstances, tout concourut à donner à son air, à ses traits, à son entrée en scène, une dignité réelle.

Elle apparut comme la tête de Méduse et glaça de terreur : ayant entendu les dernières paroles de Wann-Chlore, elle éclata ainsi avec une violence que rien ne put arrêter.

— « Pourquoi donc partir? Est-ce à elle! est-ce à ma fille à quitter cette maison, si elle appartient à M. le duc de Landon?... » Il y eut un moment de silence.

— « Dans quel état vous retrouvé-je, Eugénie? Êtes-vous donc servante ici?.. Et vous, monsieur, vous, l'auteur de tous ses maux! l'auriez-vous souffert? Pourquoi, malheureux! lui inspirâtes-vous de l'amour? ce fut donc pour perdre d'un souffle sa jeunesse, sa beauté, son innocence? l'œil d'une mère a peine à la reconnaître... N'ayant dans l'âme rien de fixe, ni d'honnête, pourquoi contracter des liens sacrés? Vous avez été sourd à ce qu'il y a de plus saint parmi les hommes!.. Vous avez semé la mort sur votre passage dans la vie : ma mère est mourante, monsieur, et moi! j'ai séché après la vue de ma fille!.. Enfin, dans l'état où est Eugénie, je l'aimerais mieux morte!.. Pauvre enfant!

Là, frappant fortement ses mains qu'elle éleva comme pour appeler la vengeance du ciel, elle s'avança brusquement vers sa fille qui, plongée dans un état de stupeur, se laissa prendre par sa mère. Madame d'Arneuse la serra vivement dans ses bras, et, la pressant d'une main sur son cœur, elle agita l'autre comme une prophétesse ; puis trouvant quelques larmes, elle reprit d'un ton lamentable : « Hélas ! j'avais bien dit que cette union serait fatale ! Ma pauvre Eugénie ! » Puis, se tournant vers Landon, elle essaya de l'accabler par ces mots : —« Monsieur, vous êtes un monstre !.. et je rougis de vous parler plus long-temps !.. Dans quel moment vous a-t-on nommé pair de France ? Tenez, voici vos lettres. » Et elle jeta sur la table des papiers que personne n'avait aperçus. « Votre cousin, le duc de V..., vous ayant vainement cherché pour vous annoncer cette faveur royale, s'est enfin adressé à moi et m'a mis ainsi sur vos traces. Est-ce donc ainsi qu'on honore la bassesse !.. »

—Lui ! s'écria Wann-Chlore, lui !

le plus noble, le plus vertueux!...»
et Eugénie approuva cet éloge par
un signe de tête délirant.

Mais madame d'Arneuse, ne laissant pas la parole à Wann-Chlore, l'interrompit par un regard foudroyant et continua de semer l'horreur. — C'est à vous, madame ou mademoiselle, que je vais parler... Comment avez-vous pu détruire par votre manége le bonheur d'une famille, pour satisfaire une passion d'un jour.

— Pauvre femme! dit Wann-Chlore avec un mouvement de pitié qui fit frémir madame d'Arneuse.

— Ne saviez-vous pas, continua cette dernière encore plus enflammée par le dédain de Chlora, que ma fille était sa femme, sa femme légitime, à laquelle il avait juré foi et protection, amour et fidélité au pied des autels? vous l'avez rendu, lui, cet homme, plus cruel que le loup, que le tigre : ils n'abandonnent pas leurs sauvages compagnes quand elles enfantent! et lui, il a laissé, pour courir après vous, une femme, un ange! dans les douleurs de l'enfantement... »

Madame d'Arnense, éplorée, tomba sur un fauteuil, et se cacha le visage dans ses mains ; mais elle se releva soudain, et, désignant son gendre par un geste tragique: « Il mériterait l'échafaud!.. et nul de nous ne l'y conduira! Il le savait bien, le malheureux! qu'il trahissait des âmes nobles qui sauraient taire son infamie!..

— Sa femme! sa femme! répéta Wann-Chlore avec une profonde terreur. Elle regarda Eugénie... « Oh, madame!.. et moi, moi, que suis-je donc?.. »

Madame d'Arneuse se souvint du sourire de mépris que Chlora lui avait lancé; et, se levant avec dignité: —« Ce que vous êtes, madame?.. une de ces malheureuses que les tribunaux enverraient à...

A ces mots, Landon se reveilla; et, comme ces boulets qui, sur le champ de bataille, semblent morts, mais qui tuent, il s'élança sur sa belle-mère avec la force et les gestes de la folie; puis, grinçant des dents, écumant de rage. — « Veux-tu la tuer, furie? N'as-tu pas assez de ta fille et de moi! » La saisissant alors à travers le corps il l'enleva et l'emporta.

— Voulez-vous m'assassiner parce que je dévoile vos crimes?.. s'écria-t-elle. Landon, sans l'écouter, la transporta dans une chambre et l'y enferma.

Horace n'avait rien entendu jusqu'au moment où madame d'Arneuse prononça cette phrase si insultante pour Chlora, et dont, grâce à son ignorance de nos mœurs, elle ne comprit pas le sens; son réveil avait été terrible, car alors il avait senti tout d'un coup l'étendue de son malheur. En rentrant dans le salon, il aperçut Chlora assise d'un côté de la cheminée et Eugénie de l'autre. Elles étaient immobiles et n'osaient se regarder. Eugénie pleurait, Chlora avait les yeux secs et brûlans, son visage était pourpre. Landon voulut parler, il se tut; il essaya de les interroger par un regard, et ses yeux restèrent baissés vers la terre; il était immobile et les deux femmes n'osèrent lever les yeux sur lui. Ils étaient là comme des statues de marbre condamnées à rester sur le socle d'une tombe.

Tout à coup Chlora jeta un soupir et, sortant de sa stupeur, se parlant à voix basse, elle dit : « Oui, je suis une malheureuse! oh! bien malheureuse!.. Et moi aussi! je savais que six mois d'un tel bonheur cachait la mort! Je suis frappée!

—Madame, lui dit Eugénie, fuyons! fuyons la France, ce soir même, et nous serons heureuses en quelque contrée lointaine où personne ne viendra nous ravir notre époux. Ne sommes-nous pas deux sœurs?

Ne l'aimons-nous pas de même?...

Chlora regarda fixément Eugénie, elle fit un pas, et, se mettant à genoux : — « Madame, dit-elle avec l'accent que l'on met à une fervente prière, je vous demande pardon... Oh, accordez-le-moi!.. Je vous connais maintenant tout entière... Gardez Horace, il est à vous... Moi! je suis frappée au cœur, cette femme-là m'a tuée d'un mot!..

Elle baisa la main d'Eugénie, qui la releva soudain et elles se pressèrent mutuellement sur leur cœur. — « C'est un legs que je te fais, dit Wann-Chlore, car il était bien à moi! Je ne crois pas qu'une créature ait pu l'aimer avant moi, si ce n'est sa mère; et, au moment où je te serre, Joséphine, que je te le donne, un instinct me dit que c'est moi qu'il aime!..

— Cruelle!.. je ne le sais que trop! répondit Eugénie. Alors elles se tournèrent ensemble vers Horace, et le voyant chanceler, elles le retinrent et le portèrent sur le divan où il perdit connaissance. En voyant la souffrance de cet être chéri, la source de leurs maux comme de leur bonheur, elles éprouvèrent de nouvelles peines qui éclipsèrent les autres; et, rivalisant de soin, elles retrouvèrent le courage de l'amour. Quand Horace eut repris ses sens, il aperçut Wann-Chlore et Eugénie agenouillées devant lui, veillant avec la même sollicitude celui qu'elles aimaient du même amour, absolument semblables enfin à ces deux âmes dont le Dante a dit (1) :

Quali colombe dal disio chiamate,
Con l'ali aperte, e ferme, al dolce nido
Volan par l'aër dal voler portate.

A cet aspect, plus faible qu'elles, car il semble que dans certaines occasions, la nature donne aux femmes un courage inouï, Landon fondit en larmes; mais tout à coup songeant que son bonheur était détruit, que madame d'Arneuse leur avait ravi toute espérance, la rage sécha ses pleurs; et, se levant avec impétuosité, il courut à la chambre où sa belle-mère était renfermée.

Il s'avança lentement vers elle et avec l'expression d'un froid désespoir : « Sortez, madame, lui dit-il, sortez d'une maison où votre présence a porté le malheur et la mort... Votre âme sèche et froide ne comprendra jamais les maux que vous avez semés à pleine main... Une fois en votre vie vous aurez produit de l'effet : vous avez assassiné une créature dont l'amour et les vertus imposaient silence aux douleurs de votre fille ; vous m'avez tué et votre fille mourra !.. elle mourra, madame, et elle ne sera pas heureuse, car rien ne l'attache plus sur cette terre : votre affreux caractère a étouffé dans son cœur l'amour filial, et, si je l'épousai, ce fut pour la soustraire à votre tyrannie. Que cette terrible leçon ne soit point perdue pour l'avenir? Sachez adoucir la froideur et la sécheresse qui forment l'atmosphère de votre cœur pour faire désormais le bonheur des êtres qui vivront auprès de vous? Ne voyez plus de malheur dans les moindres événemens de votre vie; après celui que vous avez ourdi, il n'en est plus au monde... »

Madame d'Arneuse, suffoquée par la colère, était immobile et ses yeux attachés sur le duc de Landon sortaient presque de leur orbite, sa figure avait une teinte bleuâtre et ses traits se contractaient fortement; à ce moment elle jeta un cri rauque, et, d'une voix entrecoupée par la rage, elle s'écria : « Discours digne de votre immoralité, monsieur ! Ainsi vous m'attribuez l'effet de vos crimes? C'est moi qui suis peut-être l'auteur du projet honnête que vous complotiez? et vous ne rougissez pas de l'infamie de votre conduite!.. Il vous plairait assez que ma fille mourût, monsieur, mais son attachement pour vous a sans doute cessé... Je n'ai pas le *cœur* froid, monsieur, car en vous voyant j'ai cru que vous veniez à mes pieds implorer un pardon que déjà dans *mon cœur* je daignais vous accorder; mais... tu n'en est plus digne, être abject! et je vais porter mes justes plaintes aux tribunaux... La Justice vous dira combien de lois vous avez foulées aux pieds. »

Landon, lui lançant un sourire et de pitié et de dédain, marcha vers la porte et l'ouvrit. Madame d'Arneuse se leva avec toute la dignité qu'elle pouvait avoir, et passant, avec lenteur devant son gendre, elle sortit en s'écriant : « O ma fille ! à quel homme affreux appartiens-tu ?.. »

Le lendemain, Wann-Chlore ne se leva point ; elle se plaignait d'une faiblesse générale. Les jours suivans le mal augmenta avec une effrayante rapidité ; Landon et Eugénie restèrent constamment à son chevet.

— « Quoique je ne connaisse pas l'ivresse, leur disait-elle d'une voix qui déjà s'affaiblissait, je crois que nos souffrances seraient moins vives si nous étions tous ivres... Oh, ne pleurez pas, ajouta-elle, nous serons mieux qu'ivres, mes amis !.. » Puis regardant la figure altérée de Landon : « Eugénie, dit-elle, voilà donc ce regard flatteur qui nous a perdues !..

Le duc de Landon appela des médecins, il en vint plusieurs ; ils examinèrent Chlora; la trouvèrent bien pâle, discutèrent long-temps, tâtèrent son pouls ; et, après une longue consultation, ils se retirèrent. L'un d'eux fut chargé de remplir la terrible mission auprès de Landon : « Monsieur, lui dit-il, laissez la malade tranquille, n'appelez plus de médecins et donnez-lui tout ce qu'elle souhaitera... »

Un matin Chlora dit à Landon : « Cécile va venir ! » Le soir elle dit : « Voici Cécile. »

A ce moment, sir Charles C... et Cécile entrèrent ; elle leur sourit, et, en les apercevant, la joie anima son visage et parut l'éclairer un moment, comme ces feux rapides qui se succèdent dans les débris d'un foyer mourant.

Elle était dans son lit, les mains

jointes, sa chère croix noire au col, et ceux qui ont vu le tableau d'Atala n'ont qu'une imparfaite image de sa pose. Ses deux lèvres, déjà blanches, restaient entr'ouvertes pour laisser passer sa pure et délicieuse haleine, ses cheveux noirs dessinaient les contours de sa blanche figure, et ses yeux d'amour n'étaient point fermés; son âme semblait y trouver un dernier asile: ils scintillaient comme des étoiles à travers ses longs cils... et elle souriait toujours... Selon ses désirs, elle était entourée des fleurs les plus fraîches; les plus belles, les plus odorantes: cette chambre de mort avait toutes les grâces d'un parterre.

Landon, pâle, abattu, les cheveux en désordre, l'air égaré, était immobile au chevet de sa bien-aimée:

leurs mains se joignaient et, sans parler, ils s'entendaient des yeux. Eugénie, sombre et silencieuse, épiait les ordres que donnait son époux et, avec un empressement affreux, avec une merveilleuse dextérité, elle servait les désirs de sa rivale et d'Horace.

Bientôt le jour devint trop vif pour Wann-Chlore, et la lumière douce qui passe à travers la mousseline répandit sur cette scène une molle et mystérieuse langueur de jour. La Mort arriva. Le visage de Wann-Chlore devint radieux, on eût dit qu'elle conversait avec les anges; ses regards ne furent alors ni troublés ni effrayans comme ceux des mourans en délire. Elle fut gracieuse jusqu'au dernier soupir, et comme un jeune fruit frappé par un rayon de soleil, elle tomba parmi les fleurs, au sein d'un printemps embaumé.

—Là-haut, dit-elle, nous nous aimerons toujours, et j'espère que nos âmes seront exemptes de cette horrible jalousie qui me tue... Ne me plaignez pas... j'ai vécu cent ans.

Là, ses yeux brillèrent moins, la pâleur de son visage ne jeta plus l'éclat du marbre, elle devint jaunâtre et l'horreur régna. Ils écoutaient des yeux cette douce respiration, maintenant haletante, et qui, au milieu du silence, ressemblait à des coups frappés inégalement dans le lointain.

—Où est-*il*, demanda-t-elle.

—*Ma chère vie*, me voici, je presse tes mains, je te regarde...

—Et je ne *te* vois plus!.. Deux

larmes roulèrent sur ses joues fanées; alors ma mort sera donc amère!... »

Elle saisit les mains de Landon, les mit sur son cœur par un mouvement d'une horrible lenteur; et, quand elle les sentit, elle les y appuya fortement et les garda avec une violence affreuse. Son souffle saccadé devenant plus difficile, elle serra encore davantage les mains d'Horace comme pour l'entraîner avec elle, et, tournant la tête vers lui comme pour saluer son soleil, elle s'endormit.

Au mouvement que fit cette belle tête en roulant dans les sombres espaces de la mort, Eugénie, Cécile, sir Charles C..., Nikel, Gertrude et Rosalie tombèrent à genoux; Landon seul était debout.

Il se retourna vers eux, et, les

yeux fixes, les muscles roidis, il s'écria d'une voix qui glaça le sang de ceux qui l'entendirent. — « Froide!.. morte!,. ô ma vie!.. Il tomba la face sur le lit... Sir Charles n'essaya pas même de le relever... Wann-Chlore ne voyageait pas seule de ce brillant édifice de la Création vers un édifice plus brillant et plus spacieux encore.

FIN.

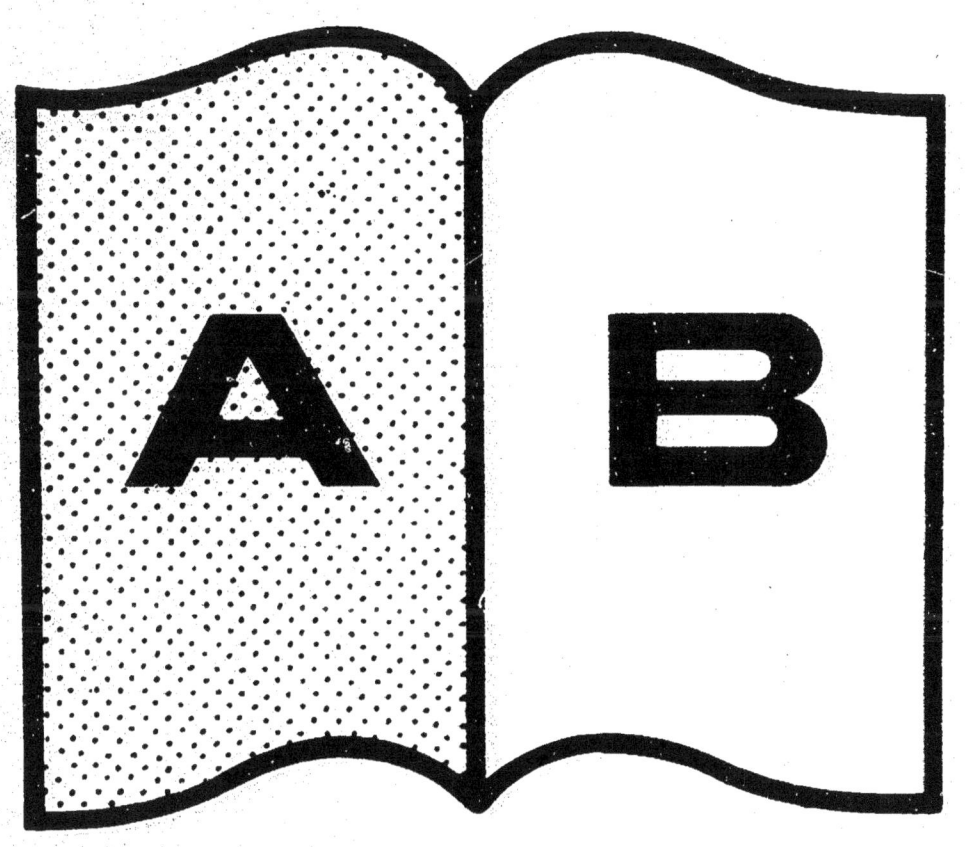

Contraste insuffisant

NF Z 43-120-14

www.ingramcontent.com/pod-product-compliance
Lightning Source LLC
Chambersburg PA
CBHW070654170426
43200CB00010B/2235